禅入門

カトリック修道女の歩んだ道

イレーヌ・マキネス

堀澤祖門・石村 巽・吉岡美佐緒・田中正夫 訳

岩波書店

LIGHT SITTING IN LIGHT: A CHRISTIAN'S EXPERIENCE IN ZEN

by Elaine MacInnes

First published 1996 by Fount, London.
This Japanese edition published 2009 by Iwanami Shoten, Publishers, Tokyo
by arrangement with the author.

キリスト教と仏教における私の指導者たちに感謝を捧げつつ。
なかでも、山田耕雲老師とイエズス会士、故フーゴー・M・愛《え》宮《の》
《みや》ラサール神父の思い出に。

扉の書　三宝教団師家、山田耕雲筆

日本語版に寄せて

本書が日本語に翻訳されるという話を聞いたとき、まず私が感じたのは「なぜ？」という疑問でした。坐禅は日本中のどこででも――家庭の居間、書斎、台所、子ども部屋にいたるまで――静かに、適切に行なうことができるはずです。こうした日本の伝統文化に対して、外国人である私にいったいどのような貢献ができるというのでしょうか。「お役に立ちたい」と心から願いながらも、私には分不相応なことだと感じています。

日本では、禅とは家庭的なものであるとされています。こうした事実を、師である山田耕雲《やまだこううん》*老師《ろうし》〔一〕から私は学びました。実際、私が山田老師のことを思い出すときには、老師がご自身の書斎である独参室《どくさんしつ》〔二〕の、書見台の前に坐っておられる姿が浮かんできます。このような場所、このような日本の伝統文化とその至宝のすべてが、私自身と、世界中からやって来る求道者たちに語りかけてくれるのです。

『碧巌録《へきがんろく》』〔三〕におさめられた公案〔四〕の一つに、家庭的な場面が描かれているものがあります。この場面を思い巡らすことによって、とても豊かな体験が得られると山田老師は感じておられました。父親は書斎で本を読み、母親は台所で炊事をし、子どもたちは庭で遊んでいます。懐かしく、平和な光景です。「これを味わいなさい」。老師はいつもそう言われました。

老師の智慧の光に照らされて、私は世界中で懐かしさを覚える光景の数々を味わってきました。英国式庭園の片すみに、村の教会、岸辺にそよぐ柳の枝、浜辺をやさしく洗う波に、カナダ大西洋岸に広がる砂丘の風紋、ルソン島の美しいマヨン山*を囲む水田、鎌倉五山の鐘の響きに。

私にとってこれらは、宇宙を統べる大いなる御心のありふれた日常への顕われとなり、日月星辰《じつげつせいしん》となりました。しかし、すべては鎌倉の山田老師の書斎、小さな独参室から始まったのです。

私は飢え渇く者、求道者として日本へ赴き、クリスチャンである私にとっては異教である仏教の霊的指導者に教えを請いました。老師は外国人であるこの私を慈悲深く受け入れ、慰めを与え、導いてくださったのでした。感謝の念は溢れんばかりです。本書(原題は老師自身のお言葉である『光のうちに坐る光(*Light Sitting in Light*)』)の日本語版が出版されることによって、老師と私はその著書が同じ書架に並ぶだけでなく、全きものに至る道、霊的な親近さ、そして適切な生き方を分かち合うことになります。一方で、私たちの行為は川のほとりで水を売るようなものだということを、禅は常に思い出させてくれるでしょう。

イレーヌ・マキネス

二〇〇九年二月　トロントにて

まえがき

シスター・イレーヌがまだ日本で禅を修行していたころ、師家《しけ》〔五〕である山田耕雲老師にたずねました。「クリスチャンにとって、祈りとはどのようにあるべきでしょうか？」 老師は即座にこう答えられたそうです。「それは仏教徒にとってと同じこと。祈りとは、光のうちに坐る光です」。

シスター・イレーヌ・マキネスは私が会ったはじめての禅の指導者でした。それまでの私は、禅の老師というのはきっと謎めいた東洋人で近寄りがたい雰囲気をもち、しかも男性に違いないと思い込んでいました。しかし、シスター・イレーヌはそのどれにも当てはまりませんでした。七十代前半の、体格のしっかりした、率直で温かく、親しみやすい女性だったのです。白髪で、三十年以上になる極東での暮らしにもかかわらず、紛れもないカナダ訛りの英語を話す方でした。彼女は落ち着いたやさしい雰囲気と、あふれるほどのバイタリティをそなえ、人を射抜くような鋭い目をもち、知性とユーモアが深く結びついた、とても魅力的な人柄です。「人並みはずれた、人並みな」女性、これはアヴィラ*の聖テレサ*に捧げられた有名な賛辞です。シスター・イレーヌもまたこれと同じ賛辞を受けるにふさわしい方です。
シスター・イレーヌは、高名な禅の老師である山田耕雲老師に印可証明《いんかしょうめい》[六]を受けた、世界に数少ない禅の公認指導者です。ですから、彼女の教えを受けた人は誰でも、正式な禅の伝統に則っていると確信してよいのです。一九八〇年、シスター・イレーヌとドイツ人イエズス会士の愛宮《えのみや》ラサール*神父は、ほぼ二十年間にわたる厳しい修行のすえ、山田老師から「老師」の称号を与えられました。二人は老師になったはじめてのカトリック聖職者でもあります(「老師」とは「老熟した指導者」を意味し、年齢・性別に関係なく用いられます)。したがって、シスターはローマ・カトリック教会に属する聖母宣教者修道会[七](Our Lady's Missionaries)の修道女であり、同時に禅の指導者でもあるという稀な存在です。

正真正銘のカトリック修道女でありながら禅を教えるのは、難しいことではないのでしょうか? 難しいどころか、シスターは両者に通じ、両者の喜びを同じように受け入れて、両者はたがいに補い高め合うものだと考えています。シスターは、西洋のキリスト教からは「関係としての神」(マルティン・ブーバー*の「我と汝」の思想)を、東洋の禅からはすべての宗教の壁を越えた神との合一の思想(そこでは、すべての被造物は「一つ」であると考えられています)を身につけました。さらに、マイスター・エックハルト*、十字架の聖ヨハネ*、ヤン・ファン・ロイスブルーク*、ヨハネス・タウラー*などのキリスト教神秘主義にも精通しています。タウラーはつぎのように言いました。「長くたゆみない修行によって、あなたは『底』の最奥まで深く沈潜しなければなりません。そのような最奥において、『底』は『無』となるでしょう」。シスター・イレーヌは禅をキリスト教化しようとしているのではありません。その必要はないのです。なぜなら、彼女にとって「すべて」は「一つ」であるからです。

シスターが毎週、坐禅・瞑想の場である「禅堂」に持ちこむキリスト教的なものは十字架だけです。これを花と線香と一本のろうそくのかたわらに描かれた「円」(「完璧さ」の東洋的象徴)のなかに置くにすぎません。また、ときにはシスターは禅とキリスト教を対比して語ることがあります。たとえば、「『私は生きています。しかし、私ではなくキリストが私のなかで生きているのです』という聖パウロ*の言葉が、禅の修行によって新たに、そしてより深く理解できるようになりました」と話すような場合です。しかし、彼女の禅堂にやって来る人々に対しては、宗派や信仰の有無にかかわらず、禅とのかかわり方を自分自身で見いだすようにと望んでいます。たとえば、忘れもしないある十二月の晩、仏陀が悟りを開いた日を私たちが静かに、はなやかに、お祝いしていたときのことです。私たちは座布団に坐り、ゆっくりと、沈黙のまま、みかんと煎茶をいただいていました。それは、真に深遠な体験でした。このあと、私はシスターにこう言いました。「これはまったく新しいかたちの聖餐式ですね」。「そんなこと、私は言っていませんよ」とシスターは答えましたが、そのきっぱりとした口調とは裏腹に、目には喜びが浮かんでいました。

禅は厳しいものであり、禅堂に入ると私たちはシスターの別の一面、すなわち厳格な訓育家としての彼女を見ることができます。履きものは入り口の外で脱ぎ、座布団は整然と並べられて、鐘は正確な時刻に撞《つ》かなければなりません。また、坐禅の間じゅう、修行者は完全な静止を保たなければなりませんが、腰の弱い人や体が固い人にとってこれはとても辛いことです。昔の禅師たちは、つぎのように言っていたそうです。「山のように動かず坐りなさい。体を動かさないでいると、心が静かになりやすいからです」。こうした考えと平和な禅堂がもたらすものを知るには、何をおいても実際に経験してみるに限ります。時間に遅れて禅堂にやって来た人や、外で遊んでいる子どもの声に邪魔されることはもうなくなります。修行者は壁に向かって列をなして坐り、指導者であるシスターは全員を見渡せる真ん中の場所に坐ります。そして、静止に我慢できなくなった修行者はちょうどそのとき、「いけませんよ」とたしなめるようなシスターの鋭い視線を背中に感じることになります。しかし、誘惑に負けないで、さらに深く静寂のうちに沈潜していけば、辛さはやがて感謝に変わることでしょう。思い出してください。シスターは、私たちよりもはるかに厳しい修行を経験した方なのです。日本にやって来てからの数カ月間、彼女は午前三時に起床し、真夜中までのあいだ、坐禅(禅では「瞑想」ではなく「坐禅」といいます)と労働、わずかな食事時間からなる日課をつづけて、夜は三時間しか睡眠をとりませんでした。

一時間半の坐禅のほかに、禅堂では毎週「提唱《ていしょう》」〔八〕と「独参」が行なわれます。「提唱」はキリスト教における「説教」にあたると言えますが、シスター・イレーヌの提唱は、教会での眠気を催させるようなものとはまったく違います。「公案」(理屈を超えないと答えられないような難問)と、禅の老師たちによるその解釈を読みあげるとき、彼女は修行者たちの目をつぎからつぎへと捕らえて放しません。活気と自信に満ちたその話しぶりは、「シスターが女優になる道を選んでいたら、きっと名女優になっていたに違いない」と誰しも思わずにはいられないほどです。シスターがつぎの公案を読みあげるときの、気迫に満ちた様子を想像してみてください。

> 寺院の旗が風にはためき、それを見た二人の僧が議論を戦わせていました。一人は「旗が動いている」。もう一人は「風が動いている」。二人は議論を続けますが、いつまでたっても真理には達しません。そこで六祖《ろくそ》*が言いました。「動いているのは風ではない。動いているのは旗ではない。動いているのはおまえたちの心なのだ」。二人の僧は畏怖の念に打たれました。

公案はじれったいものですし完全には理解できないので、私たちはフラストレーションを覚えがちです。しかし、シスターは私たちの注意をけっしてそらすことなく、それとなく励まして、「坐禅をつづけていけば、より深い洞察に至ることができるだろう」という希望を与えてくれます。つまり、いつの日かは「見性《けんしょう》」[九](いろいろな解釈がありますが、一般には「真の自己発見」を意味します)、あるいは「悟り」という次元に達することができるだろうという希望です。

禅堂で修行する人は数週間ごとに、指導者から「独参」と呼ばれる個人的な面接を受けます。この独参で、シスター・イレーヌの人柄の豊かさ、智慧と慈悲深さがもっとも発揮されます。シスターは厳格なときも、柔和なときも、同時にその両方のときもあり、思いもよらない問いをストレートに、しかもユーモアを交えて投げかけてくることがあります。その問いには深い含蓄が秘められています。これには困惑してしまう場合が多いのですが、あとで考えてみると（私は帰り道にいつもそうですが）、「ああ、そうだ。これがシスターの意味していたことなのだ」と気づくことが驚くほどよくあります。独参は密室で個人的に行なわれるものですが、シスターは修行者にあまり指示を出さないことで知られています。また、シスター自身もそれを認めています。「坐禅は、それ自体がごほうび」だからです。

今日ではたくさんの人が瞑想をするようになりましたが、「瞑想は自分を甘やかすもので、他人のためにはなっていない」と異議を唱える人もいます。しかし、私がシスター・イレーヌの禅堂を初めて訪れたとき、「そうした見解は誤りです」とシスターは言いました。そして彼女の指導者、山田耕雲老師の言葉を引用しました。「泣いている人とともに涙しないなら、私たちの見性もありえないでしょう」。また、シスターは坐禅の後でよくつぎのように言います。「（坐禅する人は）その座《ざ》蒲《ふ》〔一〇〕を離れたら、貪欲と怒り、無知、不公正、貧困、汚染に満ちたこの世界で奉仕すべきです」。もちろん、シスター自身がプリズン・フェニックス・トラスト〔一一〕の代表者として働き、この言葉を実践しています。シスターたちの活動によって、受刑囚たちは独房を幽閉の空間から自由の空間へと変えることができるようになります。ある受刑囚はつぎのように書きました。「この一年間は私の人生でもっとも生きがいを感じることのできた、もっとも真実な年でした。ここで坐禅をしていると、刑務所にいるにもかかわらず、私は自由です。刑務所のなかに人間としての自由があるということを、この世の誰が想像できるでしょうか?」また、フィリピンのマルコス政権下で投獄されていた男性はこう語りました。「私が今どこにいるかということと、私が今どこにいたいかということの間には、何の違いもありません。私には今それがよくわかります。鉄格子と石の壁は、私の愛する人たち、友だち、仲間たち、この世界のあらゆること、あらゆる人たちから私を隔離してしまうものではありません。(中略)私は完全に自由です。私は完全に幸せです。そして、心の底から安らかです」。

イレーヌという名前は、「明るい太陽の光」を意味する「ヘレン」から来ています。七十年間にわたってその光は輝きを増しつづけ、一九八一年に山田老師がシスター・イレーヌに庵号[二]を授けられたとき、老師は「光雲庵《こううんあん》」という名を選ばれました。老師はシスターをよくご存じでした。そのような名前を授けることで、シスターが禅を広めるために働くことを老師は期待されていたのでしょう。また、サンスクリット語の「光」という言葉は本来「聖なる炎の守護者」を意味しますが、そのことも老師は知っておられたのです。禅とは光です。禅とはものごとの真実を見ることです。また、今を生き、一瞬一瞬を味わい尽くし、「充電される」ことでもあります。シスター・イレーヌはその最高のお手本です。もしあなたがシスターに直接会えなくても、ぜひシスターの本を読んでみてください。

一九九五年十月　イギリス、オックスフォードにて

シャーリー・デュ・ブーレイ*

はじめに

一九九三年、フィリピン神智学協会〔一三〕が本書のオリジナル・テキスト『クリスチャンのための禅入門（*Teaching Zen to Christians*）』を世界各国で出版しました。その本の版権をイギリスのハーパー・コリンズ社が手に入れ、これに二つの章（「第九章 真実の自分を求めて」と「おわりに 現代の霊性」）を加えて出版したのが本書です。仏教徒の視点から書かれた禅の入門書は数多くあるけれども、本書はクリスチャンの手によって書かれていることが特色であると同社の編集者は考えました。この本は、カトリックの修道女でもある禅の指導者による禅入門書であり、クリスチャンとしての信仰を損なうことなく禅を学び実践するためにはどうすればよいかが書かれています。それと同時に、禅という仏教の至宝が、いかにクリスチャンとしての霊性《れいせい》を高めうるかということも明らかにしています。イエズス会士ロバート・ケネディ＊は最近の講演で本書について、「キリスト教と仏教の両方の伝統に橋渡ししようとする大胆な試み(1)」と簡潔に表現しました。

本書の内容は、フィリピンで読まれているオリジナル・テキストとほぼ同じです。フィリピンの人々は東洋的な霊性をもちながら（キリスト教が入る以前の宗教からの影響は今でも残っています）、キリスト教を全面的に受け入れた国民です。ここではまず、この本がそもそもフィリピンでいったいどのようにして書き始められたかについて若干触れておく必要があるでしょう。

第二ヴァチカン公会議[一四]以来、カトリックの宣教者が宣教活動だけを目的として非キリスト教国に赴くことはなくなりました。私たちの新しい使命は、対話をはかり、世界中のあらゆる偉大な宗教のなかに「真理の光」を見いだすことです。すべての宗教が手をたずさえて世界の環境問題に取り組むこと、貧困と汚染の撲滅をはかることや、開発と発展を通して平和と正義を追求することも、この対話の目的です。

私は第二ヴァチカン公会議宣言の四年前、一九六一年に日本へ赴任しました。私はヴァイオリニストになる勉強をしたことがあったので、宣教者として私がとるべき最良の道は、人類に対する仏教の偉大な贈り物である「禅」の美と真実を日本の人々から教えてもらい、そのお返しとして、彼らがこよなく愛する西洋のクラシック音楽をともに分かち合うことだと考えました。

語学学校で日本語を学んだあと、私は同僚たちと大阪府吹田市に文化センターを開き、同時に京都の臨済宗《りんざいしゅう》圓光寺*の尼僧たちのもとで禅の修行を始めました。その八年後には鎌倉の「三宝教団」[一五]の山田耕雲老師の弟子となり、ついには禅の指導者としての資格を与えていただきました。

フィリピンへ赴任して間もない一九七六年、私はフィリピンのカトリック教会のために「禅センター」を開設することを要請されました。その二年後、インドのバンガロールでアジア諸国のカトリック司教が集まり会議が開かれたのですが、その際、東洋的霊性の価値が不当に軽視されている現状が批判されて、東洋的な祈りの形式を採り入れることと、「アーシュラム」(ヒンドゥー教の僧院)や「禅堂」の設置を促すことが決定されました。したがって、日本の厳格な老師のもとで学んだ禅を、すでにキリスト教精神が定着しているフィリピンへもたらすことが、この国での私の最初の仕事となったのです。これは私にとって非常に刺激的な試みでした。

さて、ここで何よりもまずお話ししておきたいことがあります。つまり、東洋と西洋の瞑想法はおたがいにまったく違うことを経験から学んだうえで、私はこの両者を毎日実践しているということです。本書のなかでは、西洋の霊性と東洋の霊性をしばしば対比しながら説明していますが、これは私にとって喜びでもあります。一方で、私は神学者ではありませんから、知ったかぶりをして「両者は同一である」と教えるようなことはできません。先に述べたように、両者はまったく違っていながら、最後には必ず同じところへ行き着くと私は思っています。事実、三十年以上にわたる修行を経てもなお、両者は補完し合うという確信は日々強まるばかりです。しかし、これは皆さんのそれぞれが、自分自身で見いだすべきことでしょう。

そのようなわけで、仏教という流れのなかで何世紀にもわたって培われてきた禅の美と真実をクリスチャンに紹介することが、私の目下の課題であり、また宣教者としての喜びでもあります。ですから、私がまだフィリピンにいたころのことですが、神智学協会のヴィセンテ・ハオ・チン*から「この本を出版したいと思うのは、禅を紹介する本だからではなく、現代のカトリシズムを解説する本だからです」と言われたときには、とても驚きました。

この禅入門書は、私の母なる禅堂ともいうべき鎌倉の「三雲禅堂*」で学んだことにもとづいています。山田耕雲老師の弟子の多くは仏教徒ではなかったので、老師は仏教用語を解説するために、名づけ難い、言いあらわし難い「実在」を意味する哲学用語をいろいろと用いられました。このことは、私たち西洋的思考をもった人間が特定の用語や概念に囚われずに、体験の世界、とりわけ「見性」(大いなる「実在」を自己のなかに発見すること)という禅体験の世界に入っていくためにはとても助けになりました。「禅体験とこれを取りまく状況をキリスト教的な表現で言いあらわすことは、キリスト教徒自身にしかできないことです」とつねに老師は言われました。老師の一弟子である私が第一章以下で試みているのは、まさにこのことにほかなりません。

クリスチャンに仏教の修行を紹介することが本書の目的ですから、用語には当然、仏教用語も使われています。とても信仰心の篤い教会に生まれ育ったフィリピンのカトリック教徒たちは、仏教用語を理解するのに不安を覚えることもありました。そこで、このような不安を軽くするために、私の経験がおよぶ範囲内で、仏教用語をキリスト教用語に置き換えようと試みました。また、日本語にたよる場合もしばしばありましたが、そのことによって秘儀的な雰囲気をねらったわけではありません。もしぴったりと当てはまる英語があれば、英語の言葉を用いるようにしました。日本語の言葉を使うのは、何か新しいこと、とりわけ禅に特有なものを教えるためでした。

本書で述べられていることは、権威的なものでも決定的なものでもありません。西洋の宗教や文化的な観点から禅を宗教史の流れのなかに位置づけることは、時期尚早であると私は思っています。しかし、私たちは歴史上の転換期に生きており、そのことについて本書は述べているのです。つぎに、私たちがどのような歴史を継承してきたかという背景を見てみましょう。

歴史学者アーノルド・トインビー*は、かつてつぎのように語りました。「仏教とキリスト教の出会いは、二十世紀におけるもっとも重要な出来事の一つである」。本書はそのような出会いの一翼を担っています。つまり、大乗の禅仏教で実践されている観想、すなわち「禅」がそのテーマだからです。

禅は概念的なものではなく、また神学でも哲学でもありません。むしろ、禅は直接心に働きかけるものであり、文字や言葉に依存するものではありません。こうした働きかけがひとたび心に触れると、それは体験というかたちで実を結び、心が目覚めていくにつれて、体験もそのかたちを変えていきます。このとき私たちが知覚するものを、仏教用語で「仏性《ぶっしょう》」と言います。山田耕雲老師はこれを「本性《ほんしょう》」あるいは「無限空《むげんくう》」と表現されました。古代中国の禅師はこれを「本来《ほんらい》の面目《めんもく》」と呼ぶこともありました。禅とは、開悟した師から開悟した弟子へと直々《じきじき》に伝承される生きた教えです。

日本の伝統では、新参者が簡単に禅に入門することは許されません。新参者は禅寺の門のところへやって来て、教えを受けたいと真摯に訴えながら、謙虚な態度でひたすら待ち続けます。決まった時間に食べものを与えてはもらえますが、これが七日間におよぶこともあります。いったん入門が許されても、求道者が「禅とは何か」を理解するまでには、時間と経験が問題となってくるでしょう。これには本当に長い年月がかかります。

約五十年前、二十世紀前半に現われた禅師のなかでもっとも影響力のあった日本人禅師、原田《はらだ》祖岳《そがく》*老師は、初心者に対する禅の講義を始めました。原田老師は日本の二大禅宗の一つ、曹洞宗《そうとうしゅう》に属していましたが、真に完成した師を自宗のなかに見いだすことができなかったので、もう一つの禅の宗派、臨済宗の師家たちのもとで徹底的な修行をされました。一人前の禅師となって自らの禅寺へ帰ってきたあと、原田老師は曹洞宗と臨済宗のもっとも優れた面を併せもつ禅の新しい宗派を結成し、これがのちの三宝教団となりました。

原田老師は、初心者の教育においても伝統を覆しました。現代人は意識が高く、洞察力に優れていると老師は感じておられたので、初心者に対しては集団講義を行なうことがふさわしいと考えたのです。この活動は老師の後継者である安谷白雲《やすたにはくうん》*老師に、ついで私の師であった山田耕雲老師に受け継がれました。山田老師は一九八九年に亡くなるまで、三宝教団の本部である鎌倉の三雲禅堂を主宰されました。

自由闊達な精神をもち、生来の教育者であった山田老師のもとへは、仏教の求道者だけではなく、一般のクリスチャンや神父、修道女が正統的な禅を学ぶために世界中から数多く集まってきました。彼らに対して、老師はつぎのように言われるのがつねでした。「私は、あなた方がより良いクリスチャンになるように導きましょう」。そして、老師はその通りに実行されました。

現在、宗派を問わず、多くの西洋のキリスト教徒が不安をかかえ、悩んでいます。カリスマ性や伝統主義を求める人たちにとっては、今でもなお教会は多少なりとも魅力を保っています。しかし、一九六〇年代の初頭から、第二ヴァチカン公会議による「教会の現代化」にもかかわらず、教会に通う人の数はヨーロッパとアメリカで確実に減り続けています。

このような現象の原因はもちろん複雑ですが、私にはこの問題は現代の世界を席巻しているマクロな現象、つまり、新しいパラダイム（一六）へと意識が大きくシフトしているという現象の一部のように思えます。変化が時代の新しい秩序として定着した今、これまでとは違った現実認識にもとづく新しい世界観が登場するであろうと、多くの人が予言しています。

このような新しいパラダイムへの変換は、霊性《れいせい》にとっても著しい変化をもたらすことでしょう。少なくとも、これまで以上に全人的なアプローチが必要とされてくるのではないでしょうか。それは、私たちを何世紀にもわたって支配してきた現実認識とは異なるビジョンをもたらしてくれるものでなければなりません。さらに、それは旧弊な慣習を一掃し、私たちの宇宙的な結束に資するように、霊性を進化させるものでなければなりません。

以下の章でしばしば登場する私の友人、故フーゴー・愛宮ラサール神父*は最後の著書『新しい意識に生きる』(2)のなかで、つぎのように述べています。「新しいパラダイムは私たちの意識を、現実をまさにその本質で認識できるような一種の神秘的知へと変容させることになるでしょう」。これが実現すれば、私たちは極端な二元論を克服して、全人的な体験ができるようになるでしょう。ラサール神父は、禅もまたこのような新しい段階へ進化すると考えました。

禅それ自体は、宗教、人種、国籍、性別を超越しています。大乗《だいじょう》（一七）仏教の禅は、インドと中国だけではなく、チベット、ベトナム、そして韓国にも存在します。さまざまな国と文化に育った禅の、それぞれの違いを耳にすることもよくあります。たとえば、インドの禅は哲学的で、中国の禅は大地に根ざして詩的、日本の禅は実践的というように。

しかし、昔はそれぞれの国が孤立し、外部からの影響を受けにくかったという事情を忘れてはなりません。二十一世紀が近づくにしたがい、世界各国との即時的なコミュニケーションが当然となった今、それぞれの国が固有性をもつと同時に、他国と相互依存の関係にあることを自覚するようになれば、「普遍的な禅」の実現がより有望になってきます。私の仲間や私自身が実践しているように、禅をほかの国、宗教、文化に紹介すること自体は、それほど難しくありません。しかし、問題は禅の全過程を本にしようとしたときに起こります。なぜなら、禅とは体験そのものであり、文字や言葉で説明するものではないからです。

三宝教団は、山田耕雲老師のもとで修行した弟子たちにとって、今でもなお母体であり続けています。老師は十人以上もの指導者を育てあげ、これらの弟子たちは世界各国で禅堂を主宰しています。現在の管長は窪田慈雲《くぼたじうん》*老師で、山田耕雲老師の長男である山田凌雲《やまだりょううん》*老師が補佐を務めています。両老師は三宝教団の各国支部の禅センターで「接心《せっしん》(一八)」(禅修養会)をもたれますが、日本の鎌倉にある三雲禅堂が総本部にあたります。

国籍、宗教、文化、性別を問わず、修行の道を踏破したすべての弟子に対して、三宝教団は指導者としての資格を与えます。彼らが要求されるのは、禅の教えを正しく伝えること、そして今日の世界を平和的・生産的に生きたいと願う人々の思いにいつでも応えること、それだけです。本書でこれから述べようとしている禅は、パラダイムの転換期である現代という困難な時代を私たちが乗りきれるように手助けしてくれるばかりではありません。もしラサール神父の予言が正しければ、私たちが目的地に達したとき、私たちはすでにそこに居たのだと、知ることになるでしょう。

一九九五年十一月　イギリス、オックスフォードにて

イレーヌ・マキネス

禅入門——目　次

第一章　身体を静めて調和に至る

静寂の技法

禅とは何でしょうか？　どこからこの名前は来たのでしょうか？　そして何を意味するのでしょうか？　今日知られている禅は中国に由来します。菩提達磨《ぼだいだるま》*によって禅がインドから中国へもたらされたとき、中国の人々は「ディヤーナ(dhyana)」という発音はそのままに、「無限」と「単純」を意味する文字の組み合わせである「禅」の文字をあてました。この文字には「捧げもの」という意味もあります。坐禅の伝統はもともとインドで生まれましたが、中国の道教と出会ってそのかたちを変えていきました。また、儒教からの影響も認められます。

禅の方法とはつぎのようなものです。すなわち、「座蒲《ざふ》」(小さく丸い座布団)に坐って特定の姿勢を保ち、平常心で呼吸に専念することによって、身体と心を静めるのです。禅という訓練法は癒しの作用をもち、「定力《じょうりき》」〔一九〕を養い、特殊な宗教体験へと導いてくれます。昔の禅僧たちはこのような体験を通じて慈悲の心に駆られ、これを人々に施したといわれています。

禅の方法をクリスチャンに説明するために聖書の言葉を借りるとしたら、『詩篇』四十六篇の有名な一節がふさわしいでしょう。「静まりなさい。そして、私が神であることを知りなさい」。東洋の禅の指導者なら、この言葉を文字どおり私たちに実践させるはずです。聖書学者によれば、ヘブライ語で「知る」を意味するyadahという言葉には、「体験する」という意味もあるそうです。したがって、聖書でも「静寂、沈黙を守れば、神を体験するようになるだろう」と語られていることになります。

二十世紀に生きる私たちは、静寂を得るための方法をほとんど失ってしまいました。おそらくそれが希少だからでしょう、今日たくさんの人が静寂を求めています。しかし、それはテレビを消したり、ドラッグを使用するように簡単にはいきません。静寂を得ることは、広い意味での実践です。静寂は、日々の生活のさまざまな出来事のなかで、心の平和を保つための助けになります。また、健康を増進してくれますから、静寂をライフスタイルの一つとみなすこともできるでしょう。「心さえ安らかであれば、医者は必要でなくなるだろう」と考える精神科医も数多くいます。

現代人の心は何ごとにも過剰反応を示す傾向がありますが、これは時代の病ともいえます。ですから、霊性を求める人々がすべてを投げうって、真の師、つまり伝統を受けつぎながらも、現代人の心を理解してくれるような師を求めて地球の果てまで旅することもめずらしくありません。当今の求道者は、入門の許可を得るまで、昔のように門前で七日間も待たされることはないでしょう。しかし、そのかわりに、師の言葉や自分自身の身体と心の声、さらには宇宙と森羅万象の声に耳を傾けながら、学ぼうとする強い意志を示さなければなりません。

今日の入門者にはつぎのような忠告が与えられます。

一、自分を捨てて空《くう》になりなさい。

二、執着を捨てなさい。すると、空になることの不安はなくなるでしょう。

三、多忙から離れなさい。多忙は一時的な心の状態、習慣にすぎません。

心理学者たちが警告するように、現代人は孤立することを病的に恐れるあまりかえって社会から疎外されてしまい、その結果、自分本位な楽しみの追求に没頭して、疲れ果てています。これに対処する方法は、意識を高く保ちながら生活を送ること、そしてそのような生活を通して、世界は一つであり、私たちはその一部であるという事実に気づくことです。孤立を恐れる必要はありません。『無門関《むもんかん》』〔二〇〕の詩句にあるように、すべては私たちの目に映るがままに存在しているだけなのです。

春の野の花、秋の月　　春有百花秋有月
夏の涼風、冬の雪　　夏有涼風冬有雪
無益な憂いに惑わずば　　若無閑事挂心頭

いまこそ楽しき季節なれ③

便是人間好時節

（『無門関』第十九則の頌）

静寂によって、私たちは瞑想という深みへ下りていくことができます。静寂によって、私たちは自らの存在の内奥、すなわち真の修行を行なう場所へと向かうことができます。クリスチャンの禅指導者、そして私の友人でもあるルーベン・アビト*は、かつて禅を「神の住みたまう場所への招待状」と定義しました。

真の静寂は、祈りです。このことは、東洋においても西洋においても、その霊性の伝統が証明しています。もっとも、西洋ではこの数世紀、そうした伝統がやや下火なのですが。昔はよく「silentium tibi laus(静寂こそ汝への讃美)」という聖歌を耳にしたものです。ですから、坐禅はいつの日か、キリスト教のなかにふさわしい居場所を見つけるに違いないと私は信じています。

老子《ろうし》*は「静寂は偉大な啓示である」と教えています。静寂は私たちに何を啓示するのでしょうか？ つまり、多くのものが日々変化していくなかで、静寂によって真の自己が現われるのです。真の自己を知るようになれば、私たちは自分が誰なのかを知ることができます。アビシクターナンダ*(ベネディクト会士アンリ・ル・ソー)はその著書『祈り(*Prayer*)』のなかで、つぎのような意味のことを述べています。「真の自己を知ることは、人が到達しうるもっとも高い境地である」。

私が鎌倉にいたころ、山田耕雲老師のもとを訪れる若い欧米人の面接にしばしば立ち会い、その通訳をしました。「なぜ坐禅を学びたいのですか？」と聞かれたとき、ほとんどの人が「自分が誰なのかを見つけるためです」と答えていました。アイデンティティの喪失と疎外感は、今日では広く世界共通の問題です。

便宜上、ものごとの日々の変化と真の自己の発見を別なものとして話を進めていますが、実はこれらは一つです。坐禅することによって、私たちはこれらが一つであると知ります。シエナのカタリナ*による つぎの言葉を聞けば、禅師たちはきっと感嘆することでしょう。「天国へ至る道のすべて、それが天国です。なぜなら、キリストはこう言われました。『私は道である』と」。クリスチャンにとってキリストは道であり、かつ天国なのです。

瞑想するための方法は数多くあります。また、静寂を保つための方法を教えてくれる祈りもあります。一方で、にぎやかな祈りの方法もたくさんあります。坐禅は静寂を得るための訓練法の一つであり、東洋がけっして失うことのなかった技法です。

坐禅

では、静寂をどのようにして実践すればよいのでしょうか？　禅の中心となる修行は坐禅、すなわち坐って瞑想することです。坐禅は身体と心と呼吸を静め、調和させるための訓練です。また、坐禅には癒しの作用があります。さらに、すべての条件が整うと、ついにはある種の霊的な体験を可能にしてくれます。

坐禅の「坐」は「坐ること」を、サンスクリット語の「ディヤーナ(dhyana)」に由来する「禅」は「瞑想」を意味します。東洋では、瞑想とは理性、感覚、記憶、想像をこえて、意識の深層に至るものとされます。

本章では最初の文字の「坐」、すなわち「坐ること」についてお話ししましょう。一般的に言って、「坐ること」に関しては、古くから行なわれているヨーガの実践法に従っています。すなわち、バランスのよい安定した姿勢を保ち、背骨をまっすぐに伸ばして、息を深く自由に吸ったり吐いたりする方法です。しかし、禅とヨーガでは違うところもあります。つまり、禅では二つのクッションを使うという点です。まず、膝と足首が楽なように大きく四角い「座布団」に坐り、つぎに小さく丸い「座蒲」を座布団の上に置いて、背骨を持ち上げ支えます。座布団も座蒲も硬さを保つために、十分な量の綿が詰められています。

始めるまえに

一、清潔でゆったりとした服を着てください。きゅうくつな服装だと血管が圧迫されて、血液が筋肉に十分な酸素と栄養を送ることができないからです。他の人たちと一緒に坐る場合は、落ち着いた色調で無地の服がよいでしょう。赤のような鮮やかな色や明るい模様の入ったものは目ざわりなので、禅堂にはふさわしくありません。

二、自分にできるやり方で坐りましょう。六種類の坐り方があるので、そのうちの何通りかを身につけてください。そうすれば、長時間坐り続ける「接心」(禅修養会)のときでも、安心して坐り方を変えることができます。坐禅は罰でも苦行でもありません。あくまでも訓練ですから、自分にできるやり方で坐ってください。股関節を柔軟にするための準備運動を行なうのもよいでしょう。年齢やその他の条件にもよりますが、「結跏趺坐《けっかふざ》(二)」を含むいろいろな坐り方が少しずつ身につくはずです。

三、ほとんどの坐り方では身体の三カ所が座布団に接します。ふつうは両膝とお尻の三カ所で、これらが堅固な三脚を形づくらなければなりません。もし、膝が座布団に触れないような場合は、その隙間に小さなクッションを入れてください。身体がぐらつかないように、これらの三点はしっかりとした支えが必要です。山田老師はいつも道元の言葉を引用されました。「山のように坐りなさい」。山は堅固な塊であり、広い基盤で支えられているからです。

四、坐禅の際に身体の中心となるのは背中です。背中には特別な注意をはらう必要があります。つまり、背骨の正常なカーブを保たなければなりません。足を組み終わったら、背骨が徐々にまっすぐな位置に落ち着くまで、身体を右へ左へとゆっくり揺らしましょう。つぎに、上体を前へ傾けて、お尻の筋肉を伸展させます。最後に、お尻の筋肉は伸展させたまま、上体をまっすぐに起こします。

禅堂では、背中の姿勢が指導者によってつねに観察され、正されます。坐禅をする場合、背骨をどのような位置に保つかはもっとも大切なことです。良い姿勢が坐禅の助けになります。有名なインド人のイエズス会士、故アントニー・デ・メロ*はつぎのように言っていました。「悪い姿勢は気を散らすもとです」。姿勢の悪い坐禅は、現代病の一つである腰痛の原因となることもあります。人間の背骨は本来、私たちが木からゆうゆうとぶら下がって生活できるように作られているといわれます。こうした姿勢は、座布団の上に何時間も坐り続ける坐禅の姿勢とはかけ離れています。医学的には、運動不足、悪い姿勢、そして肥満が腰痛の三大原因であり、毎日の運動、ダイエット、正しい姿勢、そしてマットレスの硬いベッドで眠ることが奨励されています。

毎日の生活にとって運動は必要不可欠であり、適正な体重管理と食事法に重点を置いた近年のフィットネス・ブームは大いに歓迎すべきものです。いろいろと優れた運動法がありますが、東洋の霊性というフィールドに立つ私たちとしてはヨーガや太極拳をお勧めします。

どのような運動法でもかまいませんが、身体全体を動かし、精神、霊魂との調和がとれていることが必要です。接心のときに私たちが行なう運動法は、もっと楽に坐禅ができるようになるために、足とお尻に重点を置いています。同時に、それは呼吸を意識しながら行なわれなければなりません。正しい姿勢と適切なクッションを用いることによって、血管は自由に酸素と栄養を筋肉に運びこみ、老廃物を運び去ることができます。しかし、坐禅をすると腹筋がゆるみがちになるので、年をとってお腹が出てくれば、背骨によけいな負担がかかってしまいます。これに対処する方法は、もっと運動をすること、そして正しい姿勢を保つことです。腰痛は「何かが間違っている」という危険サインですから、無視してはいけません。坐禅の際に痛みを感じるようであれば、必ず指導者に知らせてください。

足の組み方

結跏趺坐《けっかふざ》　座蒲の前三分の一の部分に坐ります。右足を左の太ももに、左足を右の太ももに乗せます。かかとをお腹のほうに引き寄せますが、つま先は自由に動かせるようにしておきます。これはもっとも難しい坐り方ですが、背骨をまっすぐに保つことができるので、もっとも良い坐り方でもあります。また、左右のバランスがもっとも取れた坐り方です。

半跏趺坐《はんかふざ》〔三〕　右足を左の太ももの下に押しこみ、左足を右の太ももに乗せます。ほとんどの人が坐禅をする際にこの坐り方を用います。左右のバランスが完璧ではないので、お尻の下の座蒲の位置を調節して、背骨ができるだけまっすぐになるようにしてください。左足を右の太ももの下に入れ、右足を左の太ももに乗せてもよいでしょう。この場合は、少し厚めの座蒲が必要かもしれません。

ビルマ式　右足を左太ももに引き寄せて（逆でもよいのですが）、足、ふくらはぎ、膝を座蒲団の上に乗せます。つぎに、左足を右足の前に置いて、両膝が座布団に触れるようにします。これにはさらに厚い座蒲が必要です。また、姿勢を注意深く調節し、とくに背骨には細心の注意をはらわなければなりません。

膝つき台　両太ももの間から膝つき台を差し入れて、その上に腰かけます。これは祈禱用の小さな木製の台で、坐禅をする際にこれを使うと足にかかる負担を軽くしてくれます。台の上に薄いクッションを置くと、より快適でしょう。

正座　両膝を開いて、左右のかかとの間に厚い座蒲を置き、座蒲の真ん中にお尻を乗せます。快適に坐れるように、お尻の位置を調節してください。この坐り方は、日本で坐禅をする際によく用いられます。

椅子　初心者が坐禅をする場合、椅子に坐ろうとはしません。しかし、床にきちんと坐れるようになるまでの過渡的な方法としては一番です。また、身体の自由がきかないお年寄りにとっても最適な坐り方でしょう。クッションやスプリングのついていない平らな椅子が望ましいです。椅子の上に座蒲を置いて、前三分の一の部分に坐ります。足は床につけて肩幅にひらき、膝がお尻の位置よりも少し低くなるように、椅子の高さを調節します。背骨をまっすぐにして、背もたれに寄りかからないようにしてください。高さの調節ができるピアノ用の椅子が理想的でしょう。

ムドラー[一三](印相《いんぞう》)

坐禅で坐るときには、手の組み方がもっとも重要であると考えられてきました。こうした手の組み方を「ムドラー(印相)」と呼びます。ムドラーとはサンスクリット語で「封印」を意味し、身ぶり、とくに手の動きを示します。そして、このような手の動きは、ある種の心的状態を喚起するものとされています。坐禅ムドラー[一四](禅定印)では、右手の甲を左足の上に置き、左手を右の手のひらの上に置いて、左右の親指を軽く触れ合わせ、両手で卵のかたちを作ります。最後に両手を臍《へそ》のほうへ引き寄せます。実際に手を置く位置は、足の組み方によって変わってくるでしょう。たとえば、結跏趺坐では手はかかとの上に置かれます。いずれの姿勢でも、腕はできるだけリラックスさせてください。

初心者の多くは手を膝の上に置こうとします。しかし、私たちは坐禅ムドラーを組むように指導しています。ムドラーに関しては、つぎのようなエピソードがあります。解放政策後の中国に日本人の鍼《しん》術師たちが留学しました。帰国した彼らは口々にこう語ったのです。「坐禅をする人がなぜムドラーを用いるのか、今なら判ります。身体の経絡《けいらく》を流れるエネルギーをムドラーが結びつけるからです」。

目と口

視線は自分の鼻から一メートルほど向こうの床の一点に落とします。目は開いていますが、何も注視せず、床の上の一点にただ視線を置いてください。焦点は定めなくてもよいでしょう。口は閉じていますが、歯は噛みしめません。舌の先端は上の前歯の裏につけます。こうすることで、唾液の過剰な分泌が抑えられます。

呼吸法

東洋の修行法を解説した本では、よく呼吸法について書かれています。しかし、禅の専門書のなかには「深い腹式呼吸をしなければならない」という誤った指示がみられることもあります。これについて、山田老師はつぎのように説明されました。「これは、昔の貧しかった時代、多くの修行僧が肺結核を患っていたころに、日本で広く用いられていた呼吸法です」。冷たい空気を吸うと、肺を刺激して咳の発作を誘発したのです。肺の下のほうを使って呼吸することを試みたのは白隠《はくいん》禅師*でした。禅師はこれを「腹から呼吸すること」と呼び、実際このような腹式呼吸によって咳の発作が抑えられたのでした。しかし、これは歴史的にみて、肺結核の修行僧がたくさんいた時代の道場での便宜的な呼吸法にすぎません。

私たちの禅道場では、呼吸法についてとても簡単な指示を与えます。何よりもまず自然に呼吸してください。どんな方法であっても、それがあなたにとって自然であれば、そのように呼吸してください。すべての東洋の修行法は呼吸法に始まります。息を吸ったり吐いたりすることに意識を集中するにつれて、無意識のうちに自然と呼吸はゆっくり深くなります。しかし、呼吸法が不自然だと息を吸いすぎてしまい、めまいや震えが生じるでしょう。道元《どうげん》*禅師が呼吸法について語ったのはつぎの一言だけです。「静かに鼻で呼吸しなさい」。

修行

「修行」という言葉は、広い意味ではふつう東洋的な訓練法を連想させますが、一方で私たちが日々の生活の模範とすべき霊的な道すじを表わすものでもあります。狭い意味では、しばしばつぎのような言い方がされます。「私は禅の修行をしています」。そして、さらに特殊な意味で、指導者はつぎのような質問をするでしょう。「禅において、あなたは何を修行していますか？」これは、座蒲に坐っている間でもいろいろな実践ができるということを暗に示しています。キリスト教では「スピリチュアリティ(霊的生活)」が「修行」に相当するでしょう。スピリチュアリティという言葉は最近では宗教以外の分野でも使われています。私は今オックスフォードのプリズン・フェニックス・トラスト*のために働いて、受刑囚たちにヨーガと瞑想を教えていますが、こうした活動のなかでスピリチュアリティとはまず身体と心において、さらには日々の生活において働く霊的な作用とみなされています。この本の「おわりに　現代の霊性」で現代のスピリチュアリティについての概説を行ないますが、本章では禅についてお話しするにとどめましょう。

入門して最初の数週間、初心者は「マインド・トレーニング」と呼ばれる訓練に集中します。私たちのもとに入門を志してやって来る人のほとんどは、禅では思考を止めるということは知っていますが、それが厳密に何を意味しているのかは理解していません。私たちはこれを「黙想」にたとえますが、この言葉が何か特別な意味をもっているわけではありません。十字架のヨハネも黙想を「感覚と精神機能の停止」とみなしていました。今の段階ではそう考えると解りやすいでしょう。具体的に言えば、私たちは論理的なリニア思考[二五]を停止し、さらには非論理的なランダム思考[二六]、そして感情、追想、想像、意図といった精神活動でさえすべて停止するように努めます。つまり、精神を多忙から解放するということです。現代社会の真只中に生きる人々にとって、これはとてつもなく大きな変化です。

初心者が最初に習うのは、呼吸を数えることです。まず座蒲の上に正しく坐って、吸う息、吐く息をしばらく観察したあと、一から十まで呼吸を数えます。吸う息が奇数、吐く息が偶数です。あなたにとって自然な呼吸をして、十だけ数えてください。それ以上数えると、理性と記憶が必要になるからです。

呼吸を数えることは易しいように思われるでしょうが、実際には思考や追想、空想などが頭をよぎって気が散り、数を数えつづけるのはかなり難しいことです。注意が散漫になって数を見失ったら、また一から数えなおしてください。吸気が呼気よりも長いこと、そして呼気と吸気の間にかなりの休止期があることにあなたは気づくでしょう。このようにして、呼吸を数えるというとても単純な方法によって、私たちは活動過剰な精神を少しずつコントロールできるようになります。ある老師は「呼吸を一つしか数えられない初心者がいました」と話していました。ですから、呼吸を数えることを初心者のためのマインド・トレーニングと呼ぶのは、適切ではないかもしれません。なぜなら、人によっては一生つづく訓練となる場合もあるからです。

禅堂では、二十五分間じっと坐禅をしたあと、五分間「経行《きんひん》」〔二七〕と呼ばれる歩きながらの瞑想を行ないます。経行を行なう際は、右手を握り、左手でその右手を軽く覆い、視線を二メートル前方、あるいは前の人の背中に定めます。私たちは指導者にならってゆっくりとした歩調で歩きます。経行は、筋肉と腱を動かして、坐禅後の血液の循環をよくするために行なわれます。

二十五分間つづけて坐禅ができるようになるまでは、初心者の忍耐力によって坐る時間が決められます。たいていの人は十五分の間坐り、五分間の経行、そしてまた十五分坐るといった方法から始めます。やがて二十五分間坐れるようになったら、「僧伽《そうぎゃ》」〔二八〕(修行者の集まり)の坐禅会に参加できます。すべての初心者は一日一回三十分、あるいは、朝夕一回ずつ欠かさず坐ることを要求されます。ほとんどの人にとっては、朝、目が覚めた直後が坐禅にとって最高の時間帯です。何も考えず、何も思わず、何も感じず、呼吸だけを意識して、呼吸を数えること、これらが何よりも大切です。

一般的な注意点

入門者のためのオリエンテーションは理性に働きかけるものですが、禅において理性を必要とすることはあまりありません。禅という活動は理性とは別の次元で行なわれるもので、その次元に至るための力が座布団の上で生みだされるのです。言葉での説明や感化がどれほど優れていようと、そのような次元に至ることはできません。

真の禅とは、頭で理解できるものではありません。禅があなたをどこかへ導いてくれるのでも、何かをしてくれるのでもありません。禅とは一瞬一瞬を味わい尽くすことであるとも言えるでしょう。禅は実践し体験することによってのみ、理解できるのです。

禅は一つの行程であり、面白いものではありませんが、長年にわたって修行をつづける人もいます。禅堂が毎週のように込みあうのは、坐禅する人たちに何かが起こっていることの証明です。坐禅をした日に気分がよくなるという体験は、かなり早いうちからできるかもしれません。さらに修行をつづけてものごとや先入観にこだわらなくなると、あなたの心は次第に束縛から解放されて、ついには平安が得られるでしょう。こうした心の平安は、調和に至る道のりの始まりです。

ほかの人たちと一緒に坐ることも禅の一部です。皆で一緒に坐ると、皆の存在によって何か新たなものが生じます。このことは、一人で坐禅をする難しさを伝えるものでもあります。しかし、これはだれもが乗り越えなければならない問題でしょう。

坐禅中の時間をむだに使ってはいけません。私たちの多くはとても忙しい生活を送っているので、三十分静かに坐っているあいだ、いろいろなことを考えてしまいがちです。坐禅のための時間は坐ることだけに集中しましょう。この毎日の日課を忠実に守って、坐禅中は答えの出ないような疑問は忘れましょう。ほんの少しずつ、そしてあなたの心の準備が整うと、すべてが明らかになります。いずれにせよ、あなたは禅の道を歩みだしたのですから、まもなく日々の生活にとって何か良いことが起こってくるでしょう。

最後の一点は、禅の修行が進むペースについてです。どれくらいの時間をかければ初心者が禅から得られるべきものを体験できるのか、指導者にも知るすべはありません。修行が進むペースには個人差があるからです。修行がとても早く進んで、まもなく非常に深い瞑想状態に至る人もいます。このような状態では、ある種の視覚的、聴覚的、あるいは身体感覚を伴った現象が体験されます。

結局のところ、これらの現象は重要でなく、現われても無視してよいのですが、修行の進み具合を示すものでもあるので、指導者にかならず知らせてください。このような現象は「魔境《まきょう》」(二九)(潜在意識に由来するイメージ)と呼ばれますが、詳しくはのちほどお話しすることにしましょう。要するに、坐禅は私たちを意識の深い領域にまで導くものなのです。その結果、涙があふれることもあります。これは内面が癒されていく過程でしばしば現われる身体現象ですから、心配する必要はありません。涙があふれたり、魔境が現われた場合は必ず指導者に報告し、そのあとは忘れてしまいましょう。いつまでも囚われていてはいけません。

第二章　心を静めて調和に至る

前章では、静寂を得るためにもっとも適した姿勢について述べました。この章では心を静寂にする方法についてお話ししましょう。昔から東洋では、精神の活動を抑えて心を静寂にするという方法がとられています。そのためには、呼吸に意識を集中し、息を数えることから初心者の修行が始まります。昔の中国の禅師はつぎのように言いました。「この努力をすれば、魂が本来の自発的な状態へ戻り易くなる」。

座蒲に坐ると、私たちは指導者にしたがって息を数える訓練を行ないます。また、座蒲から離れているときでも「いま、ここ」を意識するようにつとめます。それは、今自分がいるところと、今自分がしていることに意識を集中させるという意味です。例えば、お皿を洗っている間は、身体と心を一体化して皿洗いに没頭するということです。ところが、このような単純作業を行なっていると、私たちの心はしばしば身体を離れてさまよいます。

もちろん、私たちが夢中になってしまうような知的あるいは芸術的な作業に従事している時には何の問題も生じません。たとえば、幾何学の問題を解いている場合、私たちはそれに容易に集中します。ところが、途中でひと休みして庭の落葉を掃いているとき、頭はまだ幾何学をやっていることがあります。西洋の文化には、このように手と頭が別々に働くことを奨励する傾向があります。しかし、東洋の霊性はこれを歓迎しません。心と身体が分離するからです。

心と身体の分離は、すべての生活の大敵です。英語で「悪魔的」を意味する diabolical という言葉は、「分離する」「分ける」を意味するギリシャ語の diaballein に由来します。つまり、分離は悪魔の仕業ですから、これを避けるようにしましょう。目覚めているかぎり今いるところにとどまり、仕事であれ遊びであれ、この瞬間に自分がしていることから意識を離さないでください。一つの仕事が片づいたら、きっぱりとそれを頭から追いはらい、つぎの仕事に気持ちを切り換えましょう。

私たちクリスチャンが神に祈る時、仕事(それが単純作業であれ知的作業であれ)を離れて心を静寂に保つことに慣れていないわけではありません。祈っているときは、意識と心、記憶と想像のすべてを通して超越神とつながっているからです。これはキリスト教が始まって以来、あるいはもっと古くからの西洋の伝統です。人間は理性的な存在ですが、こうした神との関係は意識と心を豊かにしてくれます。このような私たちの伝統がこの上なく貴重であるという事実は、西洋の芸術、文化、宗教がみごとに証明しています。一方で、私たちには黙想の伝統もあります。言葉によらない祈りです。十字架のヨハネ、マイスター・エックハルト、タウラーといった偉大な師たちが、そうしたクリスチャンの祈りを教えてくれました。

禅は主観と客観を超えた意識の状態ですから、二元論的でも相対的でもありません。禅という祈りの方法を言い表わすのに、私は「交感《こうかん》」〔三〇〕という言葉がふさわしいと考えていましたが、現在では「参入《さんにゅう》」〔三一〕のほうが近いのではないかと思っています。つまり、禅では私たちの全存在はあるがままの状態で、そこに神が注ぎこまれるのです。

私が一九五三年に修道会に入ったころは、黙想の指導者を見つけることはまず不可能でした。「神秘的な祈りは神様の恵みですから、神様にお願いするほかありません」と言われるだけだったのです。ですから、その後ある本と出会い、その本が私を祈りに導いてくれたのはとても幸運なことでした。道元禅師も言われたように、神秘的体験そのものはたしかに「天の恵み」です。しかし、神秘的体験に至るには、その道の指導者と訓練法が必要なのです。そのことを知るために、私は東洋まで行かねばなりませんでした。

クリスチャンが坐禅を始めるための最初のステップは、主体と客体という二元論的な世界観を捨て去ることです。どのような書物もこの種の瞑想の助けにはなりません。礼拝堂にある本を手に取ろうが、祈禱所で何かの本を見つけようが、単に本を代えたにすぎないのです。ですから、私たちはさしあたり頭で考えることをやめなければなりません。頭で考えると、過去や未来に囚われてしまいます。東洋では、今この瞬間だけが唯一の実在であると教えます。過去はすでに過ぎ去ったものであり、未来はまだ来ていないからです。私たちにあるのは「いま、ここ」だけです。禅の修行が目ざすのは、私たちが今を生きることです。つまり、坐禅をするときには呼吸に集中し、坐禅をしていないときにはその時々の行動と一体になります。

坐禅でまず重要なのは、呼吸を意識することです。呼吸を意識すれば、いろいろな想念を一掃してくれます。自然に息が入り、出ていくのにまかせてください。頭で考えるのではなく、ただ自然にまかせる、これが禅の秘訣です。リラックスして、呼吸を楽しんでください。ただし、畏敬の念を忘れずに。聖書のなかに「それはルーアッハ(神の息)である」という言葉があります。また、フィリピンの人々はつぎのように言います。「私たちが死ぬときは、神様の息が天国に帰るのです」。私たちが生きているということは、なんと驚嘆すべきことなのでしょう。

私たちが「いま、ここ」をうまく意識できるようになり、坐禅しているあいだに頭をよぎる想念をコントロールできるようになれば、静寂と心の落ち着きが優勢になってきます。坐禅をした日はとても気持ちがよく、何らかの理由で坐禅ができなかった日には心が散漫になることに、まもなくあなたは気づくでしょう。

坐禅には癒しの効果があることがよく知られています。坐禅をすると、無秩序な活動力が徐々に統合されはじめ、過剰に緊張している精神を次第にコントロールできるようになります。緊張がゆるみ、すり減った神経が回復し、健康状態が良くなります。感情が豊かになり、意志力が強まります。心のバランスが取れていると感じられ、乾いて硬直した心、執着心、偏見、エゴイズムといったものが少しずつ消え去って、思いやり、安らかな心、無私無欲、社会的関心が取って代わります。これこそ自己変革にほかなりません。これらは坐禅を始めてわずか一週間で起きるものではありません。生涯にわたる試みです。

祈るという行為には、いつも自己変革への期待が込められていると思います。私自身の三十五年間の経験によれば、祈りによって神に何かを願うよりも瞑想を行なった場合のほうが、霊的に顕著な変化が起こるものです。しかし、これは神との対話としての祈りの価値を過小評価するものではありません。こうした祈りも、私たちの霊魂に働きかけてその変化をうながすものだからです。たしかに、神と一対一の対話のあとは気分がよくなります。これに関連して、「昨今の信仰危機の原因は神との一対一の対話が不足していることにある」と指摘するクリスチャンの祈りの指導者もいます。このような祈りの効果については、アメリカ人イエズス会士アーマンド・ニグロ*がつぎのように言っています。「一人一人が祈りのなかで神とより良い対話を始めない限り、自己変革の望みはありません」。フィリピンのイエズス会修養所ではかならずこの言葉に出会うはずです。

禅は人格にも影響をおよぼします。禅は、砂漠での祈りのように不毛に見えるかもしれません。しかし予期に反して、その砂漠こそが自己変革が起こる場所なのです。私たちの祈りが何らかの対象に向けられ、言葉の段階にとどまっている限り、霊的な成熟は期待できません。しかし、人間は思考や感覚に強く支配されるものです。そして近ごろ人気のある代替療法(オルタナティヴ・セラピー)は空想を多用します。これらはすべて砂漠で祈るよりもずっとあたたかく色彩豊かですが、祈りが、何かをしたり言ったりする段階にとどまる限り自己変革は生まれません。私たちを変化させてくれるのは、私たちがダイナミックな静寂と一体化するときに生まれる霊的な力なのです。沈黙のうちにも神と交わることができ、これもまた祈りであることは、今日のクリスチャンにとっては新しい考え方でしょう。言葉に頼りすぎることが批判されつつある一方で、完全な沈黙の祈りに対する不信感もいまだに存在します。故ラサール神父*はその未発表の原稿のなかでつぎのように語っています。

現代を概観すると、私たちは変化の世界に生きていることがわかります。この新しい時代はまた「新しい人間」を生みだします。そして、彼らのなかにこそ信仰に対する新しいアプローチが見いだされるでしょう。結果はすでに現われつつあります。つまり、何世紀にもわたって過度に論理を重視してきた西洋では、その伝統がかえって現代の信仰の障害物となっています。宗教や信仰は、論理で理解したり説明できるものではありません。また、現代人の信仰心は、議論や伝統によって育まれるものではありません。私たちは信仰のなかに「何かを体験すること」をますます求めるようになっています。このことはまた、私たちの祈りのあり方を根本的に変革しようとしています。最近では「神に向かって瞑想すること」はあまり行なわれず、初心者の出発点にすることさえ疑問がもたれています。
次のような事柄は興味深いことかもしれません。多くの東洋諸国では、祈りの最初の段階は、客体なしに、つまり神を想うこともなしに瞑想することからはじまります。これは歴史的に西洋との接触がほとんどなかった国々ほど顕著です。一方、現代の西洋人には、「神を体験する」という神秘主義的傾向が強まりつつあります。そして、これこそが「神を超えた瞑想」であり、信仰と神の体験につながります。「新しい人間」の霊性についてどのように解説してみたところで、この点に触れなければ、それは不完全な輪郭を描くにすぎません。今日クリスチャンを自認する人々は、表面的ではない、深いレベルの祈りにいずれ引きつけられていくでしょう。このことに対する心の準備が必要です。

ここで「坐禅」という文字について、またこの言葉がいつどこではじめて用いられたかについて考えてみましょう。一般の辞書では、「坐」は「すわること」と説明されています。これは具体的には「床にしゃがむこと」を意味します。先に述べたように、坐禅では身体がとても重視され、実際、坐禅をしているときには身体も瞑想に関与します。一方、西洋のキリスト教は何世紀ものあいだ、「身体は霊魂の単なる殻にすぎない」という古代ギリシャの思想にがんじがらめに縛られてきました。

ユング派[三]の友人によると、多くのクリスチャンがカール・ユング*の著作を読むことによってはじめて、「意識の進化や霊性の発展においては身体と精神の両方が不可欠である」と知ったそうです。たしかにここ数年間、西洋でも身体の重要性が認められつつあります。また、東洋では瞑想と坐禅がほぼ同一視されているという事実は、注目に値するでしょう。

前にも述べたように、「坐禅」のもう一方の文字である「禅」は、「無限」と「単純」を意味する文字の組み合わせであり、また「捧げもの」という意味をもちます。しかし、「禅」という文字の意味を説明するためには後者のほうがふさわしいでしょう。「禅」という言葉は、サンスクリット語の「ディヤーナ(dhyana)」の中国語読みから来ており、中国では「チャンナ」あるいは「チャン」と発音されました。日本の僧たちが中国へ渡ったとき、これを「ゼンナ」あるいは「ゼン」と発音して、それが日本にもたらされました。

坐禅の始まりは古代にまでさかのぼります。専門家によれば、「ディヤーナ」という言葉は、紀元前千五百年ごろに完成された古代インドのヴェーダ[三]にすでに見られるそうです。修行自体は当然ヴェーダの成立に先立つはずで、最近の考古学的研究によれば、坐るという修行はそれよりも数千年前に始まった可能性があるとされています。

ゴータマ・シッダールタ(仏陀)が悟りを開いたことによって、「ディヤーナ」は新しい次元へと展開します。シッダールタは紀元前六二四年ごろ、現在のネパールに、釈迦族《しゃかぞく》の王と王妃の間の長子として生まれました。その後、何不自由なく大切に育てられ、父王が治める人々の生活について何一つ知らないまま成長しました。

しかし、この若者は次第に宮殿の外の様子がどのようなものか知りたいと考えるようになりました。ある日、教師と連れだって宮殿の外へ見物に出かけ、若者は世界の暗い面を見ることになったのです。彼は老人と病人、さらに葬列を見て驚愕しました。生まれてはじめて、貧しさ、苦しみ、そして死というものに直面したのです。彼はすっかりおびえ、宮殿に戻ったときには人が変わっていました。

人間の苦しみを知り、やがて彼は深く悩むようになりました。なぜ苦しみというものが存在するのか？　なぜ？　この問いが彼の公案となり、絶え間なく悩みつづけたすえ、ついに彼は王国と妻、幼い息子を捨てて、答えを見いだすための旅に出たのです。

はじめに彼は哲学に答えを求めました。当時のインドでは、哲学が高度に洗練されていたからです。しかし精妙な哲学をもってしても、「なぜ苦しみが存在するのか？」という彼の問いに答えることはできませんでした。つぎに彼は森へ入って、苦行者たちの仲間に加わりました。そこで六年間を過ごし、十分な食事や睡眠、衣服すら自分に禁じて苦行を続けたすえ、彼の身体は消耗して衰え、精神はすっかり疲れ果ててしまいました。それでも、「なぜ？」という彼の問いに対する答えは見つからないままでした。

祈ったすえに、彼は苦行をやめて食事をとることにしました。こうして元気を回復してみると、「なぜ？」という問いに取り組むためには、まず自分自身に取り組むほかないとわかったのです。彼の公案は理性をもってしても解決できないような難問であり、この答えを見いだすまではピッパラと呼ばれる木（仏陀が悟りを開いたあとは、「菩提樹」として知られるようになりました）の下で瞑想をつづけようと決心しました。

やがて彼は、自分が正しい道を歩んでいると実感し始めました。彼の問いと彼自身が実は一つであるということが、ますます明らかになっていったのです。そして、仏典の伝えるところによると、彼が二十九歳の年の十二月八日、暁の星が瞬くのを眺めているときに、彼自身の内部世界がついに爆発し、消滅しました。同時に彼の問いも消え去り、彼はここに悟りを開いて、仏陀となったのです。彼は内なる真の自己に目覚め、これが広大無辺な宇宙の実在とつながっていることを体験しました。それはまことに人の心を沸き立たせるような、人を鎖から解き放つような出来事でした。「東洋的無」という偉大な命題。つまり、天地宇宙はことごとく「無」であったのです。

禅に入門すると、はじめに指導者は「タターガタ(Tathagata)」という言葉について触れるでしょう。これは、仏陀が悟りを開いたときに言ったとされる言葉です。文字どおりには「来るがまま、去るがまま(如来如去)」、さらには「完全な状態」を意味します。万物は来るがまま、去るがままにあり、純粋で汚れがありません。外からどのように見えようと、その本質は無欠です。

「完全」という言葉を使うことに対して、私は少なからず抵抗があります。「完全」という言葉はその反対語の「不完全」を前提としており、たいていの場合、価値判断的、二元論的であるからです。禅は「完全」も「不完全」も超えた非二元論的な世界に関わるものです。クリスチャンにとってこれはけっして難しいことではないでしょう。私たちは神を「善なるもの」「完全なるもの」と呼びますが、その反対物を前提とはしていません。いずれにせよ、「無限空」の世界はすべての被造物に生気を与えます。そして、このような現実を「光輝が全宇宙に満ちあふれている」と賛嘆する声が、しばしば禅堂で聞かれます。

一九七六年十一月、マニラ禅センターの開所式で、著名な神学者であるイエズス会士カタリーノ・アレヴァロ*の祝辞はつぎのような言葉で始まりました。「本日は主なるキリストの祝宴の日です。ありとあらゆる被造物がキリストの美、キリストの愛、キリストの真理、そしてキリストの善で満たされています」。私の仏教徒の友人たちも皆、この言葉に喝采を送ってくれるに違いありません。

テヤール・ド・シャルダン*も『万物の賛歌』のなかで同じことを言っています。「万物の造り主よ。そこから姿を現わして、あなたを讃えるすべを教えてください。主よ、もう一度おっしゃってください、あの偉大な言葉、私を解き放ってくれる言葉を。光と詩を啓示してくれるあの言葉を。Hoc est corpus meum（これは私の体である）と[4]」。

仏教の寺院では、仏陀が悟りを開いたあとの、あたかも大地に触れようとしているかのように手を伸ばしている像がよく見られます。これは、仏陀が現象界に帰って、人々が苦しみを乗りこえるのを助けたいと願っていることを表わしています。悟りを開いたすえ、仏陀（釈迦）は慈悲の心に駆られて人々のもとへ出かけ、人々が煩悩から解放されることを助けようとしました。煩悩にこそ苦しみの原因があると考えたからです。彼はその後の人生をすべて、人々に対するこのような奉仕に捧げました。

そして、これこそが禅なのです。つまり、万物を「タターガタ（来るがまま）」に体験し、私たちが生きる世界や、その暴力、不公正、貧困、汚染に取り組んでいくことが禅なのです。仏陀はただ瞑想していただけではありません。悟りという体験が、彼を人々への奉仕に駆り立てたのでしょう。山田耕雲老師はつぎのようによく言われました。「他人に同情することができない人には、悟りもありえません」。悟りという体験は、人々と関わることによってその実を結びます。心の平安を見いだしたら、今度は人々に心の平安を分け与えるのです。

あるイエズス会士が、社会の変革者としてイエズス会が一九八〇年代に行なった活動を分析し、これについて講演しました。そのなかで彼は、「活動は全体として失敗だった」と認めたのです。変革にはプロセスが必要であること、社会をよりよい方向へ変えるためには私たち自身が変わらなければならないことを、分析結果は示していました。社会正義と開発の両立は、理性や意志の力だけで実現できるものではありません。これらは、私たちの内面の深い層から展開しなければならないものです。

禅堂に入る際に私たちは、このような深層に達することを目ざします。これまでに学んだこと、成しとげたこと、悩みや心配ごとのすべては扉の外に置き去りにします。そして、謙虚でありながら堂々と、決然として指導者に身をゆだねます。そうすると、次第に禅の修行がもたらす一体感や、そこから生まれるさまざまな恩恵を体験するようになります。

やがて、山田老師がよく言われたように、すべての用意がととのったとき、そしておそらく思いもかけないようなときに、あなたは壁を突き破り、「大地を揺るがし、天を驚かす」ことでしょう。天国は雲のかなたにあるのではなく、神はあなた自身よりもずっとあなたの近くにいると判るはずです。これと似たことを、白隠禅師はつぎのように言いました。「当処すなわち蓮華国、此の身すなわち仏なり」。自分自身で体験すれば、瞑想は秘められた真珠にも等しいということをあなたは発見するでしょう。毎日、欠かさず坐禅を続けてください。その恩恵を受ける日がいつかかならずやって来ます。

第三章　神の息吹《いぶき》

　前章では、現代のキリスト教や、キリスト教と仏教の出会いについて考えてみました。さらに、坐禅が古代インドの『ヴェーダ』とドラヴィダ文化〔二四〕に源を発すること、東洋で釈迦牟尼としてよく知られているゴータマ・シッダールタの生涯と仏教の始まりについても触れました。本章では古代に起源をもつもう一つの聖典、キリスト教の聖書と、聖書における「人」と「創造」の意味について考えてみましょう。

　ユダヤ教やキリスト教は、現今少しずつ解放されつつあるとはいえ、何世紀にもわたって古代ギリシャの思考パターンに縛られてきました。つまり、人間を「優れた霊魂が劣った肉体をまとっている」ものとする考え方です。しかし、現代の私たちは肉体を軽んじるこうした傾向から徐々に脱け出して、古代の聖書哲学やヘブライ思想に回帰しつつあります。このように考えると現代人をよりよく理解できますし、また今日、多くのクリスチャンが東洋的な祈りの方法に目を向けることで、故郷に帰ってきたような思いをもつ理由が説明できます。

　聖書では、人間は三つの異なる相が一体となったものと考えられています。ヘブライ語でこれらは、「バーサール (bashar)」(「肉」の意)、「ネフィシュ (nephesh)」(「魂」の意)、「ルーアッハ (ruah)」(「神の息」の意)と呼ばれ、それぞれ大地、人間、神に関係しています。「主なる神ヤハウェ*は、土の塵で人を形づくり、その鼻に命の息を吹き入れられた。人はこうして生きる者となった」(『創世記』二章7節)。

ベネディクト会士ウルスタン*はつぎのように言っています。「聖書によれば、人は相和するために創造されました。つまり、神の似姿に作られることによって、同じ似姿の人と相和するために。神の息が吹き込まれることによって、人と人が結びつくために[5]」。

神の息吹についてのこのような考え方は、十字架のヨハネもすでに知っていました。『霊の賛歌』第三九歌で、神がもつこうした側面について、彼は中世的な美しい表現でつぎのように語っています。

風を吸うことは、聖霊を吸うことです。このとき魂は、神を完全に愛するために、聖霊を求めて祈ります。魂はこれを「風を吸う」と呼びます。なぜなら、これは魂が聖霊と交わるときに生まれる繊細な感触、愛だからです。神の息吹をともに吸えば、神は魂を至高へと高めてくださいます。そして、神のうちに魂が吸う息吹は、御父が御子のうちに、御子が御父のうちに吸われる愛の息吹にほかならないと、このような変化において御父と御子が魂に吹きこまれるところの聖霊にほかならないと、神は魂に教えてくださいます。これは魂にとっていと高き栄光、いと深きよろこびであり、死すべき人間の言葉では言い表わすことのできない、死すべき人間の理解を超えたことなのです。(6)

私と同じころに日本で活動していた宣教師トーマス・ウッドワード*は、より現代的な表現でつぎのように語っています。

東洋の宗教は、祈りを呼吸という単純な行為に結びつけることによって、あるものを志向しているのだと私は思います。つまり、私たちの肺をルーアッハ、すなわち神の霊で満たすこと、宇宙のリズムを呼吸することです。プネウマ、すなわち神の息吹は私たちの身体のすみずみまで通い、私たちの肺を満たし、私たちの魂に生気を与えてくれます。驚くべき力が絶えず宇宙の中心からほとばしり出て、風のように、神の霊のように世界中を吹きぬけているという事実をつねに思い出しましょう。こうした力に触れていれば、私たちは勇気を与えられて、いつでも世界と創造的に関わることができるようになります。

彼らの言葉が少しでも真実なら、どうして私たちは祈りによる神との出会いをもっぱら理性にたよるようになってしまったのでしょうか？　キリスト教の文献には、古今を問わず、霊性のもつこうした側面についての記述がほとんどありません。これは驚くべきことです。初期キリスト教の教父たちによる著作の端々では、彼らも東洋的な祈りを実践していたことがうかがえますが、残念ながら断片的な文章しか残されていません。

一方で、進化の途上にある私たちの霊性に、人と超越神との関係という恵みをもたらしてくれたのはまさしくキリスト教なのです。つまり「他者」を必然的に伴う関係です。私が西洋と東洋の霊性のちがいを指摘する場合は、このような認識にもとづいています。

キリスト教の伝統という理由に加えて、私たち西洋人が理性を偏重するのには文化的な理由もあります。このことについてジョン・ダイシン・ブクスバーゼン*は著書『自己の忘却（*To Forget the Self*）』のなかでつぎのように述べています。

私たちは子どものころから論理的、合理的思考を教えこまれてきました。そのため、ものごとを直感的ないし直接的に把握するという生来の能力を、私たちは発達させることができないままでいるのです。このような能力は、非科学的であるとされたり、奇妙なもの、ありえないものとして片づけられています。究極の実在に関する問題を扱うときでさえ、私たちは小学校で習ったような思考形式にとどまって、実在を知るためのほかの方法に身をゆだねないことを要求されます。

橋を設計したり、小切手帳の収支合わせをするようなときには、論理的、分析的に考えるのもそれほど悪くはありません。むしろ、そのような考え方をすべきです。しかし、ものごとを深く掘り下げようとする場合、論理的思考は限られたことがらにしか通用せず、その他のことがらについては役に立ちません。このような思考は、金づちや歯ブラシのように、用途に応じて使い分けられる道具にすぎないのです。もし金づちを歯を磨くために、歯ブラシを釘を打つために使っても、おそらくうまくいかないでしょう。⑺

アントニー・デ・メロはその著作と講義の両方を通じて、「頭は祈りにふさわしい場所ではありません」としばしば述べました。たしかに、理性は観想の道具にはなりません。感情、想像、記憶やその他の精神機能も同様です。何かの対象へ向けて祈る場合は、これらはとても有用かもしれません。しかしポール・ド・ヤーガー*の言葉を借りれば、⑻「交感または一体化のための祈り」にとって、これらはまったく役に立ちません。観想は悟りという体験をもたらしてくれますが、悟りにいたる道筋は人間の理性で理解できるものではないのです。

日本語の「心」という言葉は、ふつう英語で mind と訳されますが、この英語は主として「理性」を意味します。ところが、禅でいう「心」は意味が広く、意識一般を指します。たとえば、私たちが「心を静めて調和へ至る」と言うときには、記憶、想像、感情、さらには理性を含むすべての精神活動を静めることを意味します。

坐禅の修行では、身体を静めるために一定の姿勢をとり、心を静めるために呼吸を意識します。座蒲から離れても、禅をやめるのではありません。仏教徒の言葉を借りると、坐禅をしていないときでも私たちは「いま、ここ」を意識します。禅寺で見習い僧に配られる手引書には、つぎのようなことが書かれています。

仏陀とある哲学者の会話です。哲学者はこうたずねました。「あなたが『仏教は悟りにいたる道である』と説いておられると聞きました。なにか方法があるのですか？ つまり、あなた方は毎日どのようにされているのですか？」 仏陀は答えました。「話をして、沐浴をして、坐って……」。哲学者はこれをさえぎって言いました。「何か特別なやり方でもあるのですか？ だれでも話をして、食べて、沐浴をして、坐ります」。仏陀は答えました。「一つ違いがあります。私たちは話をするときも、『話をしている』という事実をはっきりと意識しています。ほかのことをするときもそうです。しかし、ほかの人たちは話をしたり、食べたり、沐浴をしたり、坐るとき、自分が今していることを意識していません」。

イザヤ*が言ったのも同じことではないでしょうか？ 「耳を傾けて聞き、わたしのもとに来るがよい。聞き従って、魂に命を得よ」(『イザヤ書』五五章3節)。このイザヤの言葉は「意識すること」を喚起しているように思えます。いずれにしても、仏陀と哲学者の会話は「いま、ここ」を意識することが根本的に大切であると示しています。この見習い僧のための手引書は、それが集中力を生みだすばかりでなく、私たちの日常生活にも少しずつ光明を与えてくれるということを教えています。

「いま、ここ」を意識することの深い意味合いについては、のちほど考えることにします。ここでは、そのほかに禅がもつ二つの不可欠な要素、すなわち指導者と弟子たちの共同体について説明しましょう。まず最初に認めておかなければならないことは、今日の世界に真の禅の指導者はほとんどいないということ、そして、初心者にとっては、まったく坐禅をしないでいるよりも、解説書を読みながら一人ででも坐禅をするほうが好ましいということです。しかし、一度道を歩みだせば、本当の禅は真の師なくしてはありえないということも明らかな事実です。

東洋の伝統では、師と弟子の間に深い絆が養われるものですが、とくに禅の場合、私たちは師のことを「法の父／母」と、まるで家族のような呼び方をします。鎌倉禅堂の機関紙『暁鐘《きょうしょう》』の扉には、道元禅師によるつぎの言葉が引用されています。

七佛〔三五〕の説かれた正法は、開悟した師から開悟した弟子に正しく伝授された場合にのみ、本来の正しい教えが伝授される。これは文字や知識にたよる僧たちのあずかり知らぬ世界である。（ただまさにしるべし。七佛の妙法は、得道明心の宗匠に、契心証会の学人あいしたがいて正伝すれば、的旨あらわれて稟持《ひんじ》せらるるなり、文字習学の法師のしりおよぶべきにあらず。）

（『正法眼蔵辨道話』）

これは生きた伝授です。生きたものが伝授される場合、それは教義や哲学とは異なります。このような伝授は、つぎの四つの性格をもつとされています。

一、経文ではなく、師匠から直接に伝授する（教外別伝《きょうげべつでん》）
二、言葉や文字を超えたものである（不立文字《ふりゅうもんじ》）
三、心にむかって直接働きかける（直指人心《じきしにんしん》）
四、自己の本性を見抜いて、仏を実現する（見性成仏《けんしょうじょうぶつ》）

こうした伝統の出発点はどこにあるのでしょうか？　仏陀はその大いなる悟りのあと、五十年近い残りの生涯をひたすら弟子たちを教え、悟りに導くことに費やしました。仏典の伝えるところによれば、迦葉《かしょう》*というたった一人の弟子のみが全き悟りに達したそうです。仏陀は迦葉に「法灯」を伝えたのです。真の悟りを開いた師が弟子を自らと同じ体験に導き、その弟子がそれを教え広める能力を示す場合、弟子は法の継承者となります。そして、さらなる円熟を待ったのち、日本では「老師」という尊称が授けられます。

老師とその教えを受ける弟子たちが修行をともにするとき、この集団は「僧伽《そうぎゃ》」（「集団」「生ける調和」を意味するサンスクリット語に由来）と呼ばれます。師と弟子の関係と同じく、僧伽のメンバーがおたがいに与え合う影響も非常に重要です。禅の霊性では、僧伽とは単なる名称ではなく、動的な意味合いをもつものです。

ここでキリスト教について考えてみましょう。「二人または三人がわたしの名によって集まるところには、わたしもそのなかにいるのである」(『マタイによる福音書』一八章20節)とキリストは言われました。この言葉の意味をあなたは考えたことがありますか？　もちろん、一人でいるときもほかの人といるときも、聖なる神がともにおられることを私たちは知っています。したがってキリストの言葉は、人々がともに祈る場合には一人で祈る場合とくらべて何かが加わり、特別なことが起こるのだと言っているように思えます。アントニー・デ・メロ神父は、「黙想は一人でするよりもグループでするほうが実り多いものです」といつも言っていました。

坐禅をする人たちは、一人よりも皆と一緒に坐るほうがはるかに簡単だと言います。私たちが何かをするとき、上手な人が一緒だと簡単にできてしまうことがありますが、それと同じでしょう。カナダの著名な神学者であるバーナード・ロナーガン*はそのことを「もっとも純粋なかたちの『方法』」と呼んでいるそうです。たとえば、二重唱がどんなに容易で、しかもスリルに満ちた体験であることか。おたがいに刺激し合うことで、そうした特別なやりとりが二人の歌手の結びつきを高めます。

道場で皆と一緒に坐っていると、同じようなことが起きます。東洋では、指導者が四苦八苦している弟子を自分のそばに坐らせることもめずらしくありません。私たちを一つに結びつける坐禅のダイナミズムが主体・客体という二元論や分離を打開するのなら、それぞれが深く坐禅に没頭している人々が数名のグループを作って坐れば、ことはどれほど容易になるでしょうか。そしていつの日か、この連帯がおたがいを高め合うようになるのです。

キリスト教には、宗教としても霊性としても、連帯という確かな伝統があります。聖書学者によれば、「ヤハウェ」という言葉は動的な意味合いをもつそうです。神の存在は生命そのものです。一方、私たちを一体にするダイナミズムはつかの間だけ立ち現われるものではありません。白隠禅師は『坐禅和讃』[三六]のなかでつぎのように言っています。「我々の本性には来るも去るもない。しかしながら、本性はつねに動きまわることによって、つねに不動なのである」。長時間の坐禅で神経が研ぎ澄まされた人であれば、精神的感応というものを生々しく体験するはずです。ほかの人と一緒に坐禅を組めば、おたがいの助けになるばかりでなく、私たち自身の成長と悟りをもたらしてくれることでしょう。これは一緒に坐る人の坐禅経験が深いか浅いかには左右されません。

坐禅を日々終えるたびに、坐禅によって得られる力は私たちを慈悲と行動に導きます。禅の霊性とは、ただ坐るだけのことではありません。もし私たちがこの力の源泉につねに通じているなら、私たちは座蒲を離れたとき、欲と怒りと無知に満ちたこの世界で奉仕すべきです。トマス・アクィナス*はこう言いました。「豊かな瞑想から行動があふれ出るとき、それは人生で最良のときです」。心を空しくし、身勝手や自己中心主義を捨てて自分自身を解放するということは、一瞬はおろか数時間、数カ月、数年にわたって修行しても達成できるとは限りません。キリスト教の言葉で言うと、それは恩寵の働きなのです。これに向けて私たちは坐禅の修行をし、呼吸を調節し、意識を集中します。

初心者は、最初の三、四カ月が過ぎると、はじめはまだ漠然としたものかもしれませんが、何かが起こりつつあることに気づきます。それが起こらないと、禅を行なっていることにはなりません。何の利益も得られなければ、修行を耐えぬくのはとても困難でしょう。この過程を表現する場合、私がよく用いる言葉は「調和」です。坐禅をしていると、「調和」は個人にだけではなく、グループ全体にも起こります。このような共同体の賜物は、誠実さと感謝の念というかたちでもっともよく現われます。鎌倉禅堂で山田耕雲老師はしばしば私たちの間に立ち、私たちを一つに結びつけるダイナミズムを確かめておられました。そして、私たちにこれを十分に意識するよう教えられました。

僧伽という言葉自体はそれほど重要ではないかもしれません。しかし、僧伽という共同体に起こることは重要です。前にも述べたように、祈りの共同体である僧伽は単なる名称ではなく、動的な意味合いをもっています。つまり、メンバー間に何ものかが生じ、そこから絆が生まれ、その絆が東洋の道場では愛情を込めて育まれるということです。私たちは禅堂の敷居をまたぐやいなや、私たちを一つに結びつける何ものかの存在を認めて、その場に流れる神聖な一体感にあらためて気づき、合掌礼拝することによってこれを表現します。つぎに座蒲へと進んで、まわりの人たちに一礼し、さらに全員に一礼してから坐り、一体化のダイナミズムに加わります。

つぎの二週間の日々の修行にあたって、息の数え方を少し変えてみてください。吸う息は今までどおり数え、吐く息は黙って観察するか、あるいは息を吐くときに流れ出る空気を意識するようにしてみましょう。

第四章　修行、いま・ここ、禅の道程

前章では、人間や神の息吹に関する聖書哲学について考え、私たちクリスチャンの精神的基盤に目を向けてみました。聖書哲学によれば、神の息吹は私たちを神へと導くもっとも大切な道しるべなのです。また、黙想に必要な意識の深みに達するには、こころを張りつめて呼吸に注意を集中するのが優れた方法であること、なぜ私たちは理性にたよりすぎるのかという問題についても考えました。禅のもつ他のさまざまな面、すなわち、老師の役割、師から弟子への伝授、そして坐禅する人々の共同体である僧伽についてもお話ししました。

わが家で一人、気楽に坐禅を組むときも、修行に集中する努力を忘れてはいけません。目が覚めたらすぐ、朝一番に坐禅するのが理想的だとされています。これは理性がまだ十分に目覚めていないので、坐禅に適した状態であるためです。

もし心も身体もそれほど疲れていなければ、寝る前にもう一度坐禅するのもよいことです。坐禅によって心が落ち着き、あまり夢も見ずに安らかな眠りが得られます。しかし、たいていの人はそれぞれの生活習慣によって昼型、夜型に分かれるので、坐禅する時間もこれらの習慣に合わせたほうがよいでしょう。壁またはカーテンから六十―九十センチ離れて坐り、目は開いたままで、視点は定めないようにします。

山田耕雲老師は、みごとにその小さな禅堂を神聖な場所に保たれました。あるいは、弟子たちに禅堂を神聖と思わせ、神聖に保たせたという方が正しいかもしれません。テヤール・ド・シャルダンが言うように、目が開かれている人にとっては、神聖でない場所はありません。これは単なる言葉のあやではありません。テヤール・ド・シャルダンや禅の指導者たち、そして聖書が「開かれた目で見る」と言う場合、これらはまったく同じことを指しています。東洋には「第三の目」という表現もあります。

どんな場合でも、清潔で整頓され、不快な雑音、とくに人の声が聞こえないところに坐ってください。鳥のさえずりや川のせせらぎといった自然の音、あるいは時計の音などは、坐禅にとても役立つことがあります。ある接心の早朝、老師の助手が私たちを迎え入れながら、「さいわいに、あめがふっています」と言われたことを今でもよく覚えています。

合掌、お辞儀、線香や花も有効です。これらは神聖な雰囲気をかもしだすだけでなく、私たちの感覚を鋭敏にします。また、清潔で快適な服装を心がけてください。地味で、無地の、身体が露出しない装いが禅堂のルールです。できれば、やや暗めの照明と、少しひんやりとした室温が望ましいでしょう。

「禅は苦行だ」と多くの人が言います。しかし、けっしてそうではありません。もちろん禅堂で甘えは許されませんが、賢明な指導者であれば、仏陀が行なったような過酷な苦行がいかに身体を痛めるか、かならず知っているはずです。京都・圓光寺の深貝義忠老師*の厳しい指導のもと、一人だけで行う接心を許されたときのことです。老師は境内にある小さな離れを私にあてがい、修行の時間割を与えてくださったあと、クッキーの袋を私の手に握らせて、こう言われました。「これはお腹がすいたときのためにね。離れの入り口に食事を置くのをだれかが忘れるかもしれませんし、お腹がからっぽでは坐禅はできませんからね」。

第一章で解説した足の組み方のいずれか、できれば半跏趺坐に早く慣れて、毎日同じ時間に坐禅をしましょう。自覚の有無にかかわらず、あなたはこれまでと違う習慣を作ろうとしているのです。もしこの時点で十分間坐るのが限界であれば、十分間だけ坐ってみてください。その後、五分間の経行を行ない、また十分間坐ってください。必要な時間に達するまで、これを繰り返しましょう。足が痛くならなければどれだけ長く坐ってもよいのですが、かならず経行を行なってください。今の時点では続けて二十五分以上は坐らないようにしましょう。これが道場で私たちが用いているリズムです。座蒲の上で行なわれる坐禅という作業は、自己を忘れ、修行と一体になることです。はじめのうちは自己を忘れることはかなり難しいでしょう。しかしそのうちに、ベテランのドライバーが車に飛び乗った瞬間、車と一体になるように、あなたも坐禅という行為と一体になるはずです。

坐禅は本当に単純です。あなたは、高尚なもの、秘儀的なものと思いこまされているかもしれませんが、けっしてそうではありません。あまり面白いものでもありませんが、日々得られる報いや、目標を達成するためになされた決意の積み重ねによって、あなたの忍耐力は高まります。息を数える訓練があると知って、あなたは驚いたことでしょう。これは単純であると同時に難しい訓練です。単調であり、刺激を欠き、あなたの心を喜ばせるような内容もない単純さなのです。修行の場が清潔で整頓されているべきだということは、すでにお話ししたとおりです。坐禅をつづけるにあたっては、生活全般においても同じことを心がけましょう。毎日の日課は、私たちの生活を正しくしてくれます。仕事の段取りを立てるだけではなく、「いま、ここ」を意識しながら働き、一瞬一瞬を味わい尽くさなければなりません。これこそが禅の修行です。
先述した見習い僧向けの手引書には、つぎのように書かれています。

僧堂では修行者がすべてを行ないます。水を運び、薪を探し、食事の支度をし、畑を耕すなどです。禅の姿勢で坐ること、いかに集中し瞑想するのかも習いますが、つねに「いま、ここ」を意識するように努めなければなりません。水を運んでいようと、食事の支度をしていようと、畑を耕していようとです。修行者は水を運ぶことが役に立つ行為であるだけでなく、同時にそれが禅の修行であることを知っています。水を運ぶことがそのまま禅を行じているのだと知るのでなければ、僧堂に住む意味はありません。

「いま、ここ」を意識するための訓練は、はじめはやや不自然に感じられるでしょう。しかし、少しずつ「今この瞬間、この場所に生きている」という事実を自ずと意識するようになるはずです。お皿を洗うときは、ただお皿を洗います。洗い物を片づけるためではなく、ただひたすらお皿を洗うのです。ただ立ち上がること、ただ坐ること、ただお茶を飲むこと、すべてが修行です。貪るように食べて何一つ味わっていないような人々、食事について「まずい」とも「おいしい」ともけっして言わないような人々を見ると、いつでも私は驚きを禁じえません。ランチタイムのビジネス・ミーティングは健康的な食習慣の大敵であるばかりでなく、東洋的霊性を堕落させるもとです。彼らは何というまずい食べ方で繊細な味覚を台なしにしていることでしょうか。

「いま、ここ」を意識しながら生活するということは、「一度に一つのことだけをする」ということです。同時に二つも三つものことをしようとすると、注意力が散漫になってしまいます。昔、私がアイロンをかけるときには、ラジオを聴き、さらに来週の計画を立てたりしながら行なっていました。私がなぜアイロンをかけるのが嫌いなのか、アイロンかけが下手なのか、当時はまったく気がつきませんでした。

「いま、ここ」を意識することについて提唱で取りあげる場合、山田老師はイエズス会士のピアニストで、老師の弟子でもあるローレンス・マクガレル*をよく引き合いに出されました。「彼がピアノを演奏するとき、どのようにしてすべての力を一つに集中するのか気づいたことがありますか？　鍵盤にかがみこんだ瞬間、彼の全存在が音楽と彼の身体、心、感情、彼自身のすべてに向けられます。もしこれらの集中力が一つとなって内面に向けられるならば、それは完全な禅となることでしょう」。

自分自身をときどきチェックして、一日のうちで「いま、ここ」をどの程度意識しているのか観察してみましょう。どんな行動をしているかではなく、「行動している」という事実、生きている事実を観察するのです。

手引書はさらに続きます。

修行者がすることは、禅の修行をしていない人がすることと一見まったく同じです。しかし、修行者がたとえば乱暴に扉を閉めるならば、彼は「いま、ここ」を意識していないことになります。扉を静かに閉めること自体は徳目に入りませんが、「今、ここで扉を閉めている」という事実を意識することが大切です。このような場合、師は弟子を呼んで、意識して扉を閉めるように諭します。これは僧堂の静けさを保つばかりでなく、禅の道を示すためでもあるのです。

座蒲を離れているときでも、禅の霊性は私たちのとりとめのない思考に道すじを与えてくれます。こうした禅の修行によって、私たちは「今この瞬間、この場所に生きている」という事実を少しずつ意識するようになります。禅の霊性とはごくふつうの、日々の生活に関わるものです。

ただ坐り、ただ歩き、ただ食べるということがなんとすばらしく、汚れなく、純粋なことなのでしょうか。東洋の霊性では、これこそが生きていることの証しなのです。

喜ばしいことに、聖パウロが同じようなことを言っています。『コリントの信徒への手紙一』の一〇章31節でパウロは「何をするにしても、すべて神の栄光を顕わすためにしなさい」と私たちに教えています。その例として挙げられているのは、祈りや囚人の解放、病人の看病、社会的正義といったりっぱな行為ではなく、ただ飲むこと、食べることです。

先ほどお話ししたように、「いま、ここ」こそが私たちの修行の場であり、修行をする時です。そして、本当にこれがすべてです。仏陀は自ら坐禅を体験することによって、禅とは単なる簡素化された修行法なのではなく、「いまだ完成されざる」全きものへの参入であること、さらに、生の現実において今この瞬間こそがすべてであり、過去においても未来においても同じであるということを学びました。

禅の教えによって、私たちはけっして一人きりで坐禅しているのではないことに気づくでしょう。私たちは生きとし生けるものと一緒に坐禅するのです。預言者イザヤは平和な世界をつぎのように描写しています（『イザヤ書』一一章6-9節）。

狼は小羊と共に宿《やど》り
豹は子山羊と共に伏す。

子牛は若獅子と共に育ち
小さい子供がそれらを導く。
牛も熊も共に草をはみ
その子らは共に伏し
獅子も牛もひとしく干し草を食らう。
乳飲み子は毒蛇の穴に戯れ
幼子《おさなご》は蝮《まむし》の巣に手を入れる。
わたしの聖なる山においては
何ものも害を加えず、滅ぼすこともない。
水が海を覆っているように
大地は主を知る知識で満たされる。

なんとすばらしい言葉でしょう。生態系の本質にはこのような可能性が秘められていることを想起させてくれます。

一九七六年、私は日本を離れて、フィリピンに赴任することになりました。「フィリピンでは、どれだけ長い間たった一人で坐禅しなければならないのだろう」と不安に思ったのですが、山田老師はその達筆で、「坐が有るとき、常に我が居る」(あなたが坐るときは、いつもかならず私が共にいます）という送別の辞を書いてくださったのです。

日本の禅では、私たちがつねに古今の全き悟りを開いた仏陀たち、すべての菩薩《ぼさつ》や大師《だいし》たちとともに坐っているということを意識するように教えられます。これは紛れもない事実であり、単なる宗教上の願望などではありません。

仏陀とは、「悟りを開いて真の自己を知った人」のことをいいます。西洋ではふつう仏教の開祖である釈迦牟尼、つまりゴータマ・シッダールタを指しますが、東洋では一般的な名称として使われ、仏典には数多くの仏陀たちが挙げられています。山田老師は、仏教徒にくらべて私たちクリスチャンのほうが「仏陀」＝「釈迦牟尼」ととらえる傾向が強いと感じておられたようで、よくつぎのように言われました。「釈迦牟尼は慈悲深い人間であり、自己を完成した偉大な教師でした。それだけのことです」。

菩薩《ぼさつ》とは他に喜びを与える人たちです。悟りは開いていますが、涅槃《ねはん》には入らずにその入り口に立って、ひたすら他人を助ける喜ばしい人たちです。日本でもっとも有名な菩薩が地蔵菩薩で、その石像は至る所にみられます。鎌倉禅堂のすぐ近くの、往来の激しい交差点に六体の地蔵菩薩があります。これらのお地蔵さんは皆、赤い帽子とエプロンを身につけており、エプロンの二つの深いポケットに子どもたちを入れて、交通の激しい道路を一緒に渡ってくれるといわれています。

大師《だいし》とは、仏陀の法灯を受け継ぎ、教えを広める使命を帯びた偉大な指導者たちのことです。

もっとも有名な大師が菩提達磨《ぼだいだるま》で、インドから中国に禅を伝えた最初の人です。菩提達磨の肖像画はいくつか残されていますが、いずれにおいてもその偉大な精神が現われています。伝えられている彼の生涯は史実と伝説が入り混じっているのですが、菩提達磨はその最初の弟子である慧《え》可《か*》が現われるまでの九年間、壁に向かってたった一人で坐禅をつづけていたといわれています。

ここで、私が日本を離れる直前の面白いエピソードを紹介しましょう。山田老師のご家族とともに夕食をいただきながら、老師夫人と私がおしゃべりをしていたときのことです。夫人は幾度も、私がフィリピンへ行って禅を教える最初の人間となることについて感嘆の声を上げられ、「あなたは菩提達磨になるのですね」と言われました。菩提達磨がただ一人で九年間坐禅をつづけた故事を思い出して、私はこう答えました。「慧可が現われるまで、いったい何年かかることでしょうか」。これを聞いた老師は威儀を正して、重々しく言われました。「慧可のことなど心配する必要はありません。菩提達磨がそこにいるかどうかが問題です」。

仏陀、菩薩、大師という言葉について、だいたい理解されたでしょうか? あなたは禅の修行中、これらの興味深い人物たちとたくさん出会い、その出会いをきっと楽しむことになるでしょう。悟りの境地に達するためには、ユーモアも必要だと私は思います。これら昔の名士たちと友だちになって、楽しんでみてください。

仏陀、菩薩、そして大師たちが、釈迦牟尼に始まり菩提達磨を経て現在に至るまで法灯を灯《とも》しつづけてきました。西暦一〇〇〇年ごろ、数多くの日本の僧侶たちが中国の有名な師のもとで学ぶために、危険を冒して中国に渡りました。そのなかでもとりわけ有名なのが、トーマス・マートン*が「わが魂の同胞」と呼ぶ道元禅師です。道元は曹洞禅を日本に伝えた僧侶で、その名は三宝教団のいずれの禅堂においても称えられています。

古代インドの禅は、むしろ哲学に近かったと考えられています。五—六世紀ごろ、詩的であると同時に現実的な感覚の持ち主である中国人のもとに伝わった禅は、道教と儒教に出会うことで大きく変わりました。さらに禅は中国から日本へもたらされましたが、卓越した感覚をそなえた日本人はこの貴重な教えに手を加えて損なうことをほとんどしませんでした。しかし、実際的な日本人の能力を存分に吸収した禅は、新たな生命と活力を得たのです。

現代でもなお、禅は異なる文化や宗教へ向けて旅を続けています。北アメリカへは、二人の偉大な指導者、柴山全慶《しばやまぜんけい》*老師と安谷白雲老師によってもたらされました。一九六〇年代の初頭、私がはじめて禅を学びたいと思ったとき、フーゴー・愛宮ラサール神父の紹介で私は臨済宗の尼僧である只間《ただま》康道《こうどう》*さんに会い、さらに彼女の案内で深貝義忠老師が指導する京都洛北の圓光寺を訪ねました。圓光寺の本山にあたるのが有名な南禅寺で、その当時は柴山全慶老師が指導されていました。深貝老師は接心の期間中は提唱を行なわないことになっていたので、その間私たちは毎日南禅寺まで歩いて行って、柴山老師のお話を聞いたものです。

私は臨済宗圓光寺の厳しい修行にはなじめませんでしたが、南禅寺の柴山老師によるみごとな提唱に引きつけられて、結局は長い期間、臨済禅の修行をつづけることになりました。柴山老師は人々に「無門の関」を示すためアメリカを旅されましたが、老師の後継者たちは南禅寺の運営に専念し、海外への布教活動は現在のところ行なわれていない模様です。

曹洞宗にもとづく三宝教団の安谷白雲老師もまた、北アメリカとヨーロッパに何度も旅をされ、教えを広められました。老師は一九七三年三月に逝去され、山田耕雲老師がその後継者となりました。この有能な老師の指導のもとで、文化や宗教の異なる多くの国に禅の礎が築かれ、禅センターが設立されました。

日本の禅が海外に向けて動き出したのとほぼ同じ時期に、キリスト教世界にも重大な転機が訪れました。一九六〇年代半ばのこと、カトリック教会は人々にとても敬愛されたローマ法王ヨハネス二十三世*の保護のもとで改革に着手し、このとき開かれた第二ヴァチカン公会議には世界中からすべての司教が集まりました。ここで興味深いのは、『アド・ゲンテス（*Ad Gentes*）』（ラテン語で「異教徒について」の意味）と呼ばれる文書が発表されたことです。この文書によって、カトリック教会はクリスチャンと世界中の人々に向けてつぎのように宣言しました。「私たちは世界中のあらゆる偉大な宗教に敬意をはらいます。なぜなら、これらの宗教はすべて、キリストの福音が私たちにもたらされるよりもはるか以前に、神が自らの御手によって私たちの古代文化という土にまかれた『種子』を含むものであるからです」。さらに、ほかの文書は「神によってゆだねられた、あらゆる偉大な宗教の真理の光」について取りあげ、「神の栄光のすべてを知るためには、その光を探し求めなければなりません」とされています。

第二ヴァチカン公会議が発信したメッセージは、一九七八年にインドのバンガロールで開かれた第二回アジア司教会議総会において、さらに明確なかたちで繰り返されました。この会議で、アジアの司教たちはつぎのような宣言を行ないました。

聖霊が現代に生きる私たちを導く先は、あいまいなシンクレティズム(混合主義)ではありません。私たちは断固これを拒否すべきです。聖霊は私たちを深遠にして有機的な調和、つまりアジアの伝統的な祈禱や礼拝の形式のうち最上のものと、私たちクリスチャンの貴重な伝統との調和へ導いています。このことを私たちは日々確信してやみません。現代のキリスト教会におけるカトリシズム、すなわち普遍性は、このようにして完成へと一歩近づくのです。キリスト教の祈りがアジアにもたらすべきものについては、これまですでに考察してきました。しかしアジアの祈りもまた、真正なキリスト教の霊性にもたらすべき多くのものをもっています。すなわち、身体―精神―霊魂の融和のもと、豊かに実った全人的な祈りの方法。深遠な「内なるもの」の観想。尊い書物や経典の数々。苦行や禁欲の伝統。古代アジアの諸宗教に見られる黙想の技法。簡素化された祈りの形式や、一般民衆による信仰と敬虔の表現など。

驚くべきこの文書には、つぎのような記述もあります。

アジアのカトリック教会は、真にアジア文化に属するものであれば何なりとも分かち合おうとしています。(中略)そしてこれは仏教、ヒンドゥー教、イスラム教などの偉大な宗教と生きた対話をすることでもあります。(中略)これらは何世紀にもわたって私たちの祖先が積み重ねてきた宗教的体験の宝庫であり、現代人も引き続きそこから光と力を得ています。

東洋の宗教の豊かな価値を吸収するためのもっとも良い方法と、観想に至るためのもっとも重要な手段は、アーシュラムの伝統のうちに見いだされます。これはキリスト教の現在の発展段階において、人間の生という宝庫に対しアジアが大いに貢献するところとなるでしょう。アジアの宗教的伝統に育まれたヨーガや禅などの諸技法は、祈り手が「内なるもの」を体験するための大きな手がかりとなります。「内なるもの」の霊性は、キリスト教神学に新たな次元をもたらすはずです。さらに、私たちがクリスチャンにとってのアジア的霊性を発見する手助けをしてくれるはずです。

カトリック教会と古代の宗教的伝統との真の出会いは、観想という深い体験のレベルで起こるでしょう。ゆえに、カトリック教会の生命と使命の柱である「受肉[二七]」の原理に従って、アジアのクリスチャンはキリスト教の祈りとアジア固有の伝統を融合させていく必要があります[9]。

宗教間の対話は、現在も同様な流れに沿って引きつがれています。これまでに行なわれた宗教間の交流をすべてリストアップするとあまりにも煩瑣にすぎるでしょう。しかし、チベット仏教の僧・尼僧たちが欧米の修道士・修道女たちと行なっている相互訪問が宗教界の注目を集めているという事実は、ここで挙げておくべきだと思います。

一九七六年に私がフィリピンへ赴任することになったとき、山田老師は私がマニラ禅センターを開くことを許可してくださいました。さらにマニラに着任して一カ月後、フィリピンを代表する著名な神学者から、現地のカトリック教会のために禅センターを開設するようにと依頼されました。「禅をクリスチャンに教える際、大切なことは何ですか?」と質問されると、私はバンガロールでのアジア司教会議のメッセージに触れるだけでなく、私の崇敬する指導者、山田耕雲老師の名前を強調することにしています。クリスチャンを新たな弟子として受け入れた場合、老師はかならず「あなたがより良いクリスチャンになるためのお手伝いをしましょう」と言われました。老師の言葉は、坐禅の過程ばかりでなく、見性と呼ばれる禅体験においても真実でした。この偉大な指導者によって、多くのクリスチャンの弟子が見性体験に導かれたのです。

山田耕雲老師は、ご自身の深い体験を通して、このように自由な魂の持ち主となられました。弟子のなかには修道女、神父、神学生や熱心な一般のクリスチャンもいましたが、彼らは老師に導かれてクリスチャンとしての信仰を新たにすることができました。老師はご自分の言葉をかならず実践されたのです。彼自身、なぜこんなにもたくさんのクリスチャンが祈りの指導を受けるため自分のもとにやって来るのか不思議に思い、禅の指導者と認めた弟子たちに対して、「黙想に関する限り、キリスト教会に喝〔三八〕を与えてください」と叱咤されました。しかし、老師はキリスト教会をこの上なく尊敬されていたのです。老師は、偉大な仏陀、菩薩、大師によって継承されてきた「法灯」とは、真の悟りの体験を伝えることにほかならないと確信していました。さらに、世界中のあらゆる偉大な宗教がこのことを理解しうると信じていました。老師はよくつぎのように言われました。「ここで得た経験をあなたの宗教の枠組みのなかでいかに表現していくかは、あなた次第です」。

これらの年月を経て、山田老師自身のキリスト教の理解もますます進みました。老師は、偉大な伝道者であるイエズス会士、フーゴー・愛宮ラサール神父を「わが理想の人」と呼んで、しばしば引き合いに出されたものです。一方、ある日私がラサール神父とおしゃべりをしていたとき、神父はつぎのように予言しました。「山田老師は、いつの日か現代におけるもっとも偉大な禅師の一人に数えられるでしょう。なぜなら、老師によって初めて、禅と世界の間に巨大な掛け橋が築かれるようになったからです」。

これら二人の指導者たちは数カ月の間に相次いで亡くなられました。ラサール神父の追悼式が東京カテドラルで行なわれたときには、山田老師夫人が招かれて追悼の辞を述べられました。夫人は老師と著名なイエズス会士である神父の間に深い友情が育まれたことを昨日のことのように語り、最後にこう結ばれました。「お二人はきっと今どこかで、禅とキリスト教がどう交わるのか議論しておられるに違いありません」。同じような友情がすべての宗教の間に築かれる日を待ち遠しく思います。禅の修行は自己と他者を隔てる壁を打ち砕きます。したがって、禅は宗教間の対話に必要な掛け橋を築くための最高の素材であるのです。

第五章　坐禅に伴う現象と定力

前章では本書のテーマである坐禅に戻って、私たちが行なう瞑想は日常生活の延長線上にあるということを述べました。「いま、ここ」をつねに意識するという点で、日常生活と私たちの修行は相通じています。また、私たちはただ一人で坐禅するのではなく、生きとし生けるもの、あらゆる生物から人間にいたるまで、すべての生命と一つになって坐禅するのだということをお話ししました。このようにして坐禅に没入したときに生じる力についても触れましたが、本章ではそのことをさらに深く掘り下げてみます。

しかし、まずは座蒲に戻って、坐禅の間に私たちを悩ませるものについて考えてみましょう。初心者はともすれば、いわゆる「リニア思考」に囚われて坐禅が続けられなくなってしまいます。いろいろな人の姿や会話が心のスクリーンに出没してたがいにつながり、一つの筋書きを作るのです。もしあなたがこれに気づいたら、そっと無視して息を数えてください。一般に、ベテランよりも初心者のほうがリニア思考の罠に囚われやすいようです。罠に気づいたら、体勢を立てなおし、坐禅の間は過去も未来もいっさい忘れるようにしましょう。座蒲は坐禅と今この瞬間のためだけにあるのです。

ある程度の意識の深みに達すると、リニア思考の嵐は少しずつおさまってきますが、そのかわり「ランダム思考」と呼ばれる脈絡のない想念に煩わされることがよくあります。こういう場合はたいてい息を数えることを忘れていて、心のスクリーンにはいろいろな想念が映しだされます。そのような邪念に気がついたら、そっと無視して、数息に戻りましょう。ランダム思考はさほど不自然なものではありません。山田耕雲老師はこれを「富士山のまわりに浮かんでは消える雲」にたとえられました。雲のように漂ってきては、そのまま消え去るのです。これに気をとられないようにしましょう。

坐禅中は、しばしば眠気や倦怠といった身体の状態とも闘わねばなりません。経行の最後に冷たい水で顔を洗ったり、軽い屈伸運動をするのはとても効果があります。あるいは、「警策《きょうさく》」(三九)で肩を叩いてもらうのも効果的でしょう。

警策は修行者の精神を励ますための、長さ九十センチほどの棒状の板で、ふだんは禅堂の祭壇に置かれています。警策の目的はよく誤解されます。そのため、禅まがいのサークルが暴力的な使い方をすることがあります。また、残念なことに現在の日本には禅の正統な指導者が少なくなりました。そのため、日本中にちりばめられた多くの美しい禅堂には、禅の雰囲気を味わうために訪れた観光客に真の老師がいないままに警策を経験させ、禅堂の維持費を得る手立てとするものがあります。

警策（「過ちを正す棒」の意。「けいさく」と呼ぶこともあります）の使用は中国に始まり、眠気を催した修行者を静かに起こすのがその目的でした。当時は木の枝が用いられ、枯れ葉が耳のそばで立てる音だけで修行者の目を覚まさせるのに十分でした。時代を経るにつれて、木の枝のかわりに固い木の棒が、両肩の筋肉の下にある血管を刺激するために使われるようになりました。

安谷白雲老師は、『無門関』についての提唱をおさめた著書『禅の心髄 無門関』の序文で、つぎのように書いています。

この棒（警策）は、いろいろな目的で使うのである。罰棒と称して、怠けたり、居眠りしたりするのを策励するために用いることもあり、賞棒といって、だいぶ熱心に坐禅しているので、その調子でやれと称賛激励するために用いることもあり、（中略）警策は必ずその道場の最高指導責任者から命ぜられて、はじめて使うべきものであって、（中略）打つ人は慈悲同情の心で打ち、打たれる人は感謝の一念でこれを受けるのである。[10]

鎌倉でよく私たちを指導された足立道舟老師*は、「警策はほとんどの場合、望まれたときだけに使います」と言われました。警策がとても助けになる人もいれば、まったく効果のない人もいます。一般に、警策をどれだけ使ってもらうかは修行者次第です。坐禅中に警策が必要だと思ったら、助警[四〇]がまわってきたときに合掌して合図をします。

このように警策や僧伽のメンバー、指導者の助けを借りて、私たちの坐禅は次第に深められます。精妙に浄化され、調和を得た身体と精神、心と呼吸は、さまざまな美しいかたちで私たちを変化、発展させます。長い間私たちをとらえていた偏見や固定観念は次第に薄れはじめ、私たちは生得権である自由を少しずつ感じるようになります。まったく見込みがないと思われていた人でも変わるのです。完全な一体化を体験するようになるまでの坐禅の道のりは、とても長いものです。そして、ある程度の内面の自由を獲得するまでには、身体と精神、心と呼吸の間に不調和が生じ、これによって私たちはさまざまな感覚を体験することになるでしょう。

私たちが精神を集中しているとき、意識の表層に生じる思考の波は部分的には静まりますが、潜在意識の底に眠っていた過去の経験が断片的に浮かび上がってくることがよくあります。これが「魔境《まきょう》」と呼ばれるものです。体験する人によってはよろこばしいことも不快なこともありますが、魔境が現われること自体はけっしてよいことでも悪いことでもありません。そういった意味で魔境はつねに中立的ですが、これは断固として退けなければなりません。しかし、魔境は修行者の進歩の度合いを示すものでもあるので、現われたらかならず指導者に報告してください。

『楞厳経《りょうごんぎょう》』[四二]には五十種類の魔境が挙げられています。一番多いのは視覚的な幻覚ですが、音であることも、まれには味や匂いであることもあります。昔、禅の修行が騒々しかった時代は、魔境が現われるのはごく当たり前でした。まだ安谷老師が三宝教団の管長だったころは、修行者を励ますために四人の助警が声を張りあげて警策を振りまわすという方法がとられていました。そのなかで修行者は坐禅をつづけたのです。当時は頻繁に魔境が現われたそうです。

山田耕雲老師とその後継者が指導されるようになると、より静かな坐禅が行なわれるようになりました。山田老師は、仏陀の禅や、偉大な指導者であった趙州《じょうしゅう》＊と道元の禅はいずれも静かなものであったと考えておられました。時間はかかるかもしれませんが、この方法は自然な成熟をうながして、調和のとれた体験に導いてくれます。静かに坐禅すれば、魔境体験はかなり減るようです。山田老師は生前、「私の禅堂で魔境を経験する修行者は、おそらく十五パーセントほどにすぎません」と言われました。

私自身の経験をお話ししましょう。私がまだ圓光寺の深貝義忠老師のもとで禅を学んでいたころ、愛宮ラサール神父から、東京西部にある彼の禅堂「神冥窟《しんめいくつ》」＊ではじめて催す英語での接心を手伝ってほしい、と頼まれた時のことです。指導者の立場になっても、私自身かなり坐禅する時間をもつことができました。しかし、二日もしないうちにどこかでラジオの音が聞こえるようになったのです。そこで管理人に苦情を言ったところ、彼は「このあたりにはラジオは一台もありません」と答えました。つぎの日、ラジオの音は坐禅中にだけ聞こえて、台所仕事や電話の応対で忙しいときには聞こえないことに私は気づきました。

ある日の午後、禅堂で坐禅をしていたとき、暑さのせいでどうも居眠りをしてしまったようです。すると、私がうなずいて合図をしたと思ったのでしょう。新米の助警が私のところへ飛んできて、予告なしに警策で私の肩を二度強く打ちました。その途端、例のラジオから巨大で荘厳な音楽が鳴り響いたのです。まるで天上のパイプオルガンのようなその響きは数分間にわたって全宇宙を満たし、少しずつ小さくなって、一時間ほどで消えました。その後、一度も聞こえたことはありません。

私にはこれが魔境だとわかったので、その晩ラサール神父にこのことを話しました。神父は私に指導者を代えるように勧めてくれました。神父が挙げた名前は、当時修行仲間の間でよく話題にのぼっていた山田耕雲老師でした。私は神父の助言に従いました。その結果、数カ月もしないうちに私は見性に至ることができたのです。釈迦牟尼が悟りを開いたとされる十二月八日までの一週間にわたって行なわれる冬季修養会、「臘八《ろうはつ》接心[四二]」でのことでした。

「キリスト教では、あらゆるビジョンとそのお告げや奇跡は神の現われとみなされる」と世間一般では信じられています。私は「神は人々に現われて、御心をお伝えになる」とキリスト教会がつねづね教えてきたことを指摘したいと思います。しかし、教会は「このような神の現われはその個人に限られたものであり、またかならずしも神の直接体験ではない」とも言っています。教会がこうした見神体験に対してつねに否定的であったということは、神秘主義者たちが異端として迫害された歴史が示すとおりです。

教会がこれほど慎重な理由は、ビジョンは人間の精神現象にすぎず、禅でいう魔境にほかならないからです。もちろん、見神体験が本物であるかどうかを判断するのは難しいことですが、視覚的・聴覚的な幻覚は、天から下り来るものよりも、自我に由来するもののほうがはるかに多いということが経験的に知られています。

十字架の聖ヨハネは、こうしたビジョンをすべて無視するようにと教え、その著作『カルメル山*登攀《とうはん》』のなかでつぎのように述べています。

そこで私はつぎのように申しあげたいのです。このようなビジョンや畏怖の念は、いかなるかたち、性質をしていようと、いかなる知識や表象、外観を伴って現われようと、虚偽であり悪魔の仕業にみえようと、真実であり神の御業にみえようと、私たちはこれにたよってはなりませんし、これを魂が欲してはなりません。これに囚われると、神との合一に必要な魂の無私、自由、純粋さ、単純さを保つことができなくなります。なぜなら、このようなビジョンには限りがありますが、私たちが合一すべき神の御知恵には限りがないからです。神の御知恵はまったく純粋で単純であり、神はいかなる表象や外観、知識も伴わずに現われたまうのです。[11]

「いかなる表象や外観、知識も伴わずに」という理解に到達するには、力が必要となります。私たちの場合、このような力は坐禅することそれ自体によって与えられます。アントニー・デ・メロ神父はこれを「黙示」と呼びましたが、沈黙によってもたらされる「黙示」は知識ではありません。「黙示」は神秘的な力であり、日本の禅で「定力」と呼ばれるものにあたります。

定力とは心が静まり統合され、坐禅で一点集中するときや、日々の生活で「いま、ここ」を意識するときに生じる強い力です。これは動的な力であり、一度働きはじめると、私たちはより直感的に行動できるようになります。事実、「予期しない状況に突然陥っても、迅速かつ適切な行動が直感的にとれるようになる」と昔の大師たちは言っています。定力が作用すると、私たちは激情やまわりの状況に左右されなくなります。こうして、私たちは心の自由と平静さを得ることができるのです。

毎日欠かさず坐禅を続けていると、この力は日ごとに強まります。禅体験が深まるにつれて、短い時間ですが、通常の意識レベルを超えた「サマーディ(samadhi)」または「三昧《ざんまい》」[四三]と呼ばれる境地に入ることがあります。三昧はたびたびあることではなく、接心の三日目または四日目に起こるのがふつうです。これは精神活動が停止して意識が深層に没入した状態であり、坐禅を終えたときにはじめて、これがつかの間の「空」の体験であったと気づきます。前述のように、三昧はふつう接心のときに体験されるもので、これが起こると二十五分間の坐禅がわずか数分間にしか感じられません。三昧は数時間にわたって続くこともあり、この場合は通常の意識レベルに戻ることなく経行を行なうことができます。これを「修行が乗り移った」と呼ぶこともあります。このような状態を経験したら、やはり独参室(禅問答が行なわれる部屋)を訪れた時に、老師に報告してください。三昧は深い禅体験を意味するものです。

日本とアメリカでは、坐禅中、人の身体に何が起きているのかを精密機器で調べるという興味深い実験が行なわれています。坐禅している人の身体のあちこちに電極が取りつけられ、各部位の電気活動がラジオのダイヤルに似たメーターに表示されます。私が参加した研究チームの特殊機器では、ダイヤル値の十二から二十二までの電位が安静と創造性をつかさどる脳の領域に由来しているそうです。ある実験では、坐禅が進むにつれて、この領域からの微弱なアルファ波が次第に強まるのが観察されました。

　カリフォルニアに住む私の友人は、「アルファ波バイオフィードバック」〔四四〕の研究グループの一員です。坐禅中の人の脳に生じた電気活動を機器で検出して増幅し、音信号に変換してその人にフィードバックするという実験です。自分の脳から出たアルファ波による音信号を聞くと、その脳の領域が刺激されて活動性が高まるそうです。アルファ波は安静をつかさどる脳の領域から出るといわれていますから、脳の安静状態を示す信号を発すると同時に受けとることによって、脳はさらに安静状態となります。私の友人とその研究グループは、ストレスに苦しむ人々をこれまでに数多く治療したそうです。この研究グループの全員が心理学者だったと記憶しています。彼らは研究成果に勢いづけられ、つぎは見性体験という高い目標を目ざしています。しかし、山田老師の反応はつぎのようにすこぶる控えめでした。「彼らはまだ見性を作りだしてはいませんし、これからも作ることはないでしょう。坐禅による膝の痛みを伴わなければ、見性はありえません」。

禅がもたらす効果を経験した人は皆(経験したことがない人でも)、坐禅が心身症に効くと言います。これは本当です。しかし心の病気によっては、禅に必要な精神集中がかえって病気を悪くすることもあります。禅の指導者たちが認めるとおり、心の健康は禅の修行の前提条件です。

禅の修行がいつも上昇カーブを描くとは限りません。しかし、山田老師がよく言われたように、坐禅は許された条件で無理をせずに、しかも小細工なしに行なわれるべきものです。紆余曲折はあるでしょうが、これらをすべて経ることによって、「これこそ私の道だ」という確信にいたるはずです。途中、大小さまざまな手掛かりが現われ、指導者はかならずこれに気づいてくれます。また、坐禅の成果として、大小さまざまな徳が現われはじめます。禅の指導者は花束などくれないものですが、それは当然です。坐禅すること自体がごほうびだからです。

少し前のことですが、ある若い夫婦が私たちの坐禅に参加しました。女性のほうは、その二、三年前に私たちのグループに御夫婦で加わったメンバーの娘さんでした。この若い女性に「なぜ禅を習いたいのですか?」とたずねたところ、彼女はこう答えました。「私の両親は、坐禅を始めてとても変わりました。夫と私は、自分たちもあのように幸せになれるかどうか知りたくて、参加する決心をしました」。このエピソードは、私たちが禅堂を宣伝するためのとてもよいお手本です。宣伝文句ではなく、経験者その人が禅の効能を体現してくれます。私たちすべての存在の源である神が、私たちの肉体を通して語ってくれます。

今日からは修行法を変えましょう。毎日三十分間坐禅をして、息を数え、呼吸を意識することはつづけますが、順序を変えます。吸う息に注意を向けて、吐く息を数えてください。緊張してはいけません。リラックスして、笑顔で、修行を楽しみましょう。

第六章　禅の種類とさまざまな祈り

鎌倉の三宝教団では、入門者のためのオリエンテーションで五種類の禅を紹介します。こうした分類は日本人には重要でしょうが、私たちクリスチャンにはあまり意味がないように思えるので、簡単な説明にとどめましょう。まず一つ目は「凡夫禅《ぼんぶぜん》」または「普通禅」と呼ばれるもので、ただ静かに坐るだけです。「静かに坐る」ことは、日本人の生活にとって不可欠な要素です(あるいは、もう過去のことかもしれませんが)。

二つ目は「外道禅《げどうぜん》」で、仏教以外の教えを含む瞑想のことです。

三つ目と四つ目は「小乗《しょうじょう》」と「大乗《だいじょう》」で、これらは字義どおりには「小さな乗り物」「大きな乗り物」を意味し、それぞれ「小乗仏教」と「大乗仏教」を指します。「小乗仏教」という用語は差別語とされて現在ではあまり使われず、代わりに「上座部仏教《じょうざぶぶっきょう》〔四五〕」と呼んでいます。

一般的に言って、上座部仏教はスリランカ、ミャンマー(ビルマ)、タイ、カンボジア、ラオスなどの南アジアに広まりました。イギリスにある仏教寺院は、数カ所のチベット仏教系寺院を除いて、ほとんどが上座部仏教系です。上座部仏教はシンクレティズムを排し、仏教の基本教義を厳格に守り続けています。

小乗とは、たとえば一人乗りの自転車のようなものです。だから小乗と呼ばれるのです。ドラッグ乱用や性風紀の乱れが広がった現代、欧米の若者たちは道徳を重んじる上座部仏教によって教えられるところが多大でしょう。実際、各地に数多くの寺院が建てられ、信奉者たちは仏教の戒律に従って生活しています。

大乗仏教はチベット、中国、朝鮮半島と日本に広まり、それぞれの国の文化に溶けこんで固有の発展をしました。私たちが今日知る禅仏教は中国の伝統の中で発展し、日本人によって現在のかたちに保たれてきました。禅堂で道徳律が説かれることはありません。禅では、「正しい行動は心から自然に生まれるものであり、特定の道徳律を強制することは、修行者の霊的生活の侵害にあたる」と考えられています。もちろん優れた指導者は正しい生活態度を奨励しますが、それは各個人の意思に任せられます。「大乗」をたとえるなら、これはバスのような乗り物で、皆がおたがいに助け合いながら救済されることを意味しています。ところが、東南アジア諸国での社会事業の多くは上座部仏教(小乗)系の団体によって行なわれているようです。これは興味深い事実です。

最後の五つ目は、「最上乗」(最高の乗り物)と呼ばれる禅です。これは主に道元禅師が唱道したもので、「只《し》管《かん》打《た》坐《ざ》」[四六](「ひたすら坐禅する」の意)がその代表的な修行です。この最上の道において、手段と目的は融合します。

只管打坐では、息を数えたり、息の流れを追うことや、公案といった補助手段をいっさい用いません。したがって、只管打坐では容易に心が乱されがちです。この坐禅では心急がず、しっかりと根を生やして、富士山のようにどっしりと構えて坐ります。只管打坐では、身体はただひたすら「坐り」、息もひたすら「坐り」、心もひたすら「坐り」ます。

しかし、私が禅の種類について質問された時は、この五種類の禅ではなく、日本に現存する三つの宗派について説明することにしています(禅仏教は韓国にもありますが、その代表的な指導者は日本で修行しました。私の知る限り、中国本土とインドに禅は存在せず、チベット仏教は私たちほど坐禅に重きをおいていません)。

大乗仏教は、数世紀にわたり日本における禅の母体でした。現在、臨済、曹洞、黄檗《おうばく》の三つの禅の宗派が残っています。これらの宗派は、今や死につつあるとは言えないまでも、重大な岐路に立たされています。黄檗宗は、精進料理の普及促進に専念しているように見えます。京都宇治にあるその本山の食堂施設は、本堂よりも大きな建物です。曹洞宗は道元禅師が中国からもたらしたもので、鎌倉時代には大いに栄えましたが、その後は衰退傾向にあり、今では瀕死の状態にあります。曹洞宗は「農夫禅」とも呼ばれます。それは「野暮天」という意味ではなく、あたかも農夫がいろいろな作物を一つ一つ心をこめて扱うように、弟子の一人一人が個人的に指導を受けるからです。

「武士禅」と呼ばれる臨済宗も鎌倉時代に最盛期を迎え、その後いったん衰退したものの、徳川時代には徳川将軍家への忠誠も手伝って「臨済将軍の禅」と呼ばれて、勢いを盛りかえしました。現在も臨済宗は曹洞宗にくらべて良好な状態にあり、少数ながら真に悟りを開いた老師が指導を行なっています。これはその教育プログラムに用いられる公案方式と、白隠禅師による中興の賜物でしょう。

私たちの禅の流派である三宝教団は、一八七一年生まれの原田祖岳老師によって基礎づけられました。原田老師はもともと曹洞宗に属していましたが、宗内に適切な指導者を見つけられず、臨済宗の寺院で修行を重ねられました。その結果、老師の教えは曹洞宗の坐禅と臨済宗の公案を組み合わせたものとなりました。老師は一九六一年に亡くなりましたが、後継者の安谷白雲老師が宗教法人としての三宝教団を正式に設立し、日本全国のみならず北アメリカやヨーロッパでも接心を指導されました。安谷老師は一九七三年に亡くなられ、在家の山田耕雲老師がその後継者となりました。山田老師は、日本人だけでなく外国人の修行者からも深く愛され尊敬された指導者でしたが、一九八九年九月十三日、自宅で安らかに永眠されました。その後継の任に就かれたのが、窪田慈雲老師です。

ここで少し、今日のクリスチャンが行なっているさまざまな祈りの形式に目を向けてみましょう。

第二ヴァチカン公会議以来、私たちクリスチャンはあらゆる種類の祈りに興味をいだくようになりました。「あなたにできるやり方で祈りなさい」とよく言われますが、これはけっして無秩序を意味しているのではありません。もし「祈りのクリニック」というものがあれば、きっとさまざまな種類の「祈り」が処方されることでしょう。つまり、各人の必要に応じて、各種の方法があるということです。しかし、祈りを真剣にとらえようとすれば、無節操ということはありえません。ばかばかしいと思われるかもしれませんが、実際に私は人々が一度ならず、つぎのように言うのを聞いたことがあります。「私は『イエスの祈り』[四七]と『雲の祈り』[四八]にヨーガと禅をちょっぴり加えて、全部を混ぜ合わせています」。世界中の偉大な祈りの伝統はすべて固有のエートスをもっており、これらはすべて尊重されるべきです。

東方正教会では「イエスの祈り」のことを「心の祈り」と呼びます。心は人と神のぬくもりが通い合う場所であり、この祈りは多くの人々の心を引きつけています。しかし、アントニー・デ・メロ神父は、「イエスの祈り」を行なうことでさまざまな問題が起きた人々をケアした経験から、つぎのように述べています。「この祈りは資格をもった指導者のもとでのみ行なうべきで、軽々しく行なってはいけません。そうでないと、心理的な障害を引き起こす可能性があります」。「イエスの祈り」の発祥地であるギリシャのアトス山*には、長い間このような指導者がいませんでした。しかし、最近では指導者たちがアトスに戻ってきて、「イエスの祈り」がふたたび盛んになっていると聞きました。「やがて『イエスの祈り』の指導者は、書物のなかだけの存在になるだろう」という予想はこうしてくつがえされました。

「イエスの祈り」を実践しているという人にこれまで数多く出会いましたが、たいていの場合は叫び声のような短い祈りを指しているようです。このような祈り方にあなたが満足しているのであれば、それはすばらしいことです。しかし、その祈りもさらに単純化できるということを忘れないでください。その結果、あなたのもとには何も残らなくなるでしょうが、これこそ理想的な状態なのです。しかし、「何もない」祈りを行なうためには指導者が必要です。「対象なき祈り」または「完全なる沈黙の祈り」の指導者を訪ねてください。

「中心へ向かう祈り」[四九]とは、トーマス・マートン*が唱道した祈りの方法に与えられた名前です。マートンは祈りについての講話のなかで「中心へ向かう」という言葉をよく使ったので、こう呼ばれるようになったそうです。この祈りは二十世紀に始まったものではなく、千七百年前のキリスト教修道院で行なわれていた祈りにその起源があります。その後、この祈りは「不可知の雲[五〇]の祈り」として知られるようになりました。今日では、「中心へ向かう祈り」に関する優れた解説書ばかりでなく録音テープも手に入りますが、何よりもすばらしいのは、祈りの指導者がいるという事実です。

これとはちがった形式の祈りが聖イグナティウス・デ・ロヨラ*の霊性の伝統に従い、イエズス会の神父やその他の修道会の修道士、修道女、一般信者によって指導されています。

カリスマ派[五一]教会やクルシリョ[五二]での祈りの体験は、外向的なタイプの信者にとっては優れた修行法となるようです。実際、私たちのだれもがカリスマ派の祈りのように叫びたくなることが、週のうち何回かはあるものです。言葉で祈る時間も静かに瞑想する時間も用意されていますから、それぞれにどれだけの時間をあてるかは、各自が指導者の助けを借りながら決めることができます。

黙想によって心の内奥に至るためには、勇気と決断力が必要です。意識の深層は癒しや体験が生じる場ですが、そこに到達するための瞑想ではさまざまな対象物を捨て去らなければなりません。この点にこそ、東洋の瞑想法のはかり知れない価値があるのです。なぜなら、それは無対象の段階を出発点とするからです。

東洋の瞑想法はどれも単純です。その特徴を聞かれたとき、私はいつもつぎのようなリストを挙げることにしています。

- 無対象であり、心の内奥に向かうものである。
- 呼吸が中心。言葉、思考、概念、感情や想像力にたよらない。
- 身体も参加して、全人的であること。
- 長い修行期間。確実に受けつぎ、かつ後世へ伝えるべき教え。
- 師弟関係。これは書物によって学ぶことはできない。
- 公案やその他あらゆるものを用い、そして何も用いない。
- 体験重視。
- 癒しと変化、規律。

・手段と目的の一致。

「あなたにできるやり方で祈り、導かれるままにまかせなさい」という言葉を私たちの出発点にしましょう。山田耕雲老師もこれと同じことを言われました。以来、老師の言葉は私にとってたいへん意味深いものであり続けています。「クリスチャンにとって、祈りとはどのようにあるべきでしょうか？」と私は老師にたずねました。老師は即座にこう答えられました。「それは仏教徒にとってと同じこと。祈りとは、光のうちに坐る光です」。キリスト教の用語に置きかえると、老師の言われた意味は「アッバ（Abba）」（お父さん）という言葉に現われているように思います。

本書で紹介している禅の方法に加えて、少しばかりの勇気とスパルタ的精神、そして神の恩寵があれば、私たちは心の内奥に至ることができるはずです。現代の科学者たちが月世界の謎を解き明かしつつあるように、私たちも太陽の国へと導かれて、私たちが懸命に求めている光と温かさをついには見つけることができるはずです。

第七章　禅の目的

前章では五種類の禅、クリスチャンの祈り、そして東洋の祈りの特徴について考えました。さらに、私が学んだ禅の流派、すなわち三宝教団についても触れました。本章では、この「三宝」という言葉についてお話ししましょう。これは文字どおりに「三つの宝」を意味します。

仏教の三宝は、経典のなかによく登場します。一番目の宝は「仏陀」です。これは釈迦牟尼を指すばかりでなく、全宇宙に遍在し万物に生命を与える「無限空」を意味します。

二番目の宝は「法」で、これはサンスクリット語の「ダルマ(dharma)」に由来します。「ダルマ」という言葉はさまざまな意味をもっています。語幹の動詞「dhr」は「一つにまとめる」「支える」という意味で、名詞としては「事物を本来の姿にすること」を意味します。万物はそれぞれの「法」をもっています。「法」という言葉はいろいろな意味に使われ、「法則」すなわちすべてのものが従う「宇宙の法則」を意味することもあります。この場合は仏陀の教え、正しい道、法灯を指します。ホノルル禅堂のロバート・エイトケン老師*によれば、「法」とは事物に働きかけているもの、つねに活動しており、つねに事物と相互作用しているものです。だとすると、すべての現象は名詞ではなく、動詞の集合体と言えるでしょう。

三番目の宝は「僧伽」、すなわち生ける共同体についてはすでに十分に述べました。しかし、そのときは修行者のグループを指すものとしてこの言葉を用いました。三宝の一つとして言及する場合は、あらゆる事物のあいだの同胞愛を指します。聖フランチェスコ*は、あたかも詩人がバラの花に挨拶するように「姉妹なる月」に向かってこう語りかけました。「あなたはなんと美しいのでしょう！」

この聖フランチェスコの言葉は、禅堂で日々復誦される四つの誓願[五二]のうちの第一のものに通じます。キリスト教会では「誓願」という言葉は特殊な意味をもつため、私たちの禅堂ではこれを「願い」と呼ぶことにしました。四つの願いとはつぎのとおりです。

一、被造物は無数です。私はこのすべてを苦しみから解放することを決意します。
二、煩悩は無尽蔵です。私はこのすべてを断つことを決意します。
三、真理の様態は無限です。私はこのすべてを習得することを決意します。
四、悟りへ至る道は無上です。私はこれを成しとげることを決意します。

禅の修行者にとって三宝は暖かな炉端であり、わが家です。クリスチャンである私たちは行ないませんが、仏教徒の禅堂ではつぎのような祈りが詠唱されます。「私たちは仏陀に帰依します。

私たちは法に帰依します。私たちは僧伽に帰依します」。わが家とは、愛情に満ちあふれ、攻撃的な自己を去って真の自己へと向かわせてくれる場所です。私たちの禅センターは、年一回の安《あん》居《ご》〔五四〕(静修期間)のあいだは文字どおりわが家となります。しかし実際には、すべての日を安居に、すべての場所を道場とするように心がけています。これを実践するには、安谷白雲老師の戒め、すなわち「根本的な誤りは、自分がほかのものすべてから隔てられていると思いこむことです」という教えを忘れてはなりません。私たちは天地万物からなる一つの「有機的組織体」の一部であるという事実を深く心に刻みつけましょう(もし、聖パウロのいう「聖なる自然」が「有機的組織体」と呼べるのなら)。そして、わが家における日々の生活にこのことを生かしていくようにしましょう。

山田耕雲老師は、入門者が禅の目的をはっきりと理解することが大切であると強調されました。では、坐禅を行なう目的は何なのでしょうか?

山田老師はつぎの三つを挙げています。

一、特別な精神集中、すなわち定力を養うこと。

二、悟りを開くこと。

三、悟りを自分のものとすること。

第一の目的として挙げられている「定力」とは、沈黙から生じる力、すなわち静寂の力であり、ついには人間のあらゆる努力を超越するものとなります。

山田老師は、原田祖岳老師の最晩年のエピソードをよく引きあいに出されました。南アジアの上座部(小乗)仏教の伝統を忠実に守りつづけている僧が、日本の大乗仏教に挑戦するためにやって来たときのことです。その僧は東京のとあるホテルの一室に日本の僧侶たちを集め、「これから精神を深く集中し、椅子ごと天井まで上がって、そのまま五十五分間浮いていましょう」と宣言しました。彼が精神集中を始めると、本当に椅子ごと天井まで浮いて、五十五分後無事に着地したのです。そして、集まっていた僧侶たちにこう言いました。「それでは、あなたがたの精神集中がどんなものか見せていただきましょうか」。

原田老師の弟子はすっかり打ちしおれて帰ってきて、「私は何もできませんでした」と老師に報告しました。偉大な禅師たちの系譜を引いて豪放な人柄であった原田老師は、「私もその場にいたかったなあ。私なら『友よ、長旅でさぞお疲れで、喉もお渇きでしょう。どうぞ、お茶を一服召しあがれ』と答えただろうね」と言われ、禅特有のしぐさで、あたかもお茶を入れるかのように手を伸ばしました。そして、「ふん、天井に隠れて引っぱり上げていた坊主はどこのどいつだ！」と叫ばれたそうです。

安谷白雲老師は、四つ目の禅である大乗禅が真の仏教禅であると言われました。「大きな乗り物」を意味する大乗禅は、自動車あるいはバスにたとえられます。これは、真の自己を探求しつつ、日々の生活のなかで道を実現していく「悟りの禅」のことです。

大乗仏教が主に北アジアの国々に広まって、中国、日本、朝鮮半島のそれぞれの文化に溶けこんだことは興味深い事実です。クリスチャンの禅は日本の大乗仏教に由来するようですが、これはまことに適切であったと思われます。なぜなら、クリスチャンも大乗仏教徒と同様、皆と一緒に助け合いながら修行することを好むからです。ちょうど大きなバスに乗って一緒に旅行するように。

山田耕雲老師は、「精神を集中する力である定力は、この世で実りある人生を築き、かつ維持するために、この上なく大切なものです」と教えられました。定力は私たちの意識の表層を静めてくれます。これは、正しい決断を下したり、外界からの情報を正しく受けとるために必要なことです。

スタンプを押して文字や絵を紙に写しとる場合、私たちはまず紙がきれいな白紙で、凹凸がないことを確かめます。そうでないと、スタンプの文字や絵ははっきりと写らず、ぼやけて、読みにくくなってしまいます。紙がしわくちゃだと、絵や文字はまったく識別できなくなるでしょう。人が言っていることを正しく聞きとるためには、私たちの心もしわのない白紙のようでなければいけません。私がある人に「しかじかの状況についてどう思いますか」と質問したときのことです。そのとき非常に動転していた彼女は「今のままのところに、そのまま住みつづけてください」と答えました。それは質問とはまったく関係のない答えでした。彼女の心はしわくちゃの紙のようだったのです。心を空しくして、定力の助けを借りていれば、彼女は心のしわを伸ばすことができたでしょう。

深く集中している心はたやすく周囲の状況に影響されません。坐禅は私たちの気が散らないようにしてくれます。さらに、頭に浮かんだアイデアを実現したいときや、やりとげたい仕事があるときには、精神を深く集中させることが必要不可欠です。

こんなことを聞くと、坐禅こそが現代病の特効薬であると思ってしまいませんか？　私が読んだ本によれば、カール・ユング*やエーリッヒ・フロム*といった精神分析家が坐禅を賞賛し、現代人を苦しめている心の病のほとんどが坐禅によって癒されると語っているようです。彼らのうちの一人でも実際に禅の修行をしたことがあるのかどうかわかりませんが、もし単に理論上そのように語っているにすぎないのであれば、それは禅というものの真実にとっては不適切なコメントです。彼らが完全に間違っているというわけではないのですが、精神的に不安定な状態にある人は禅の修行を行なってはいけません。一九五〇年代後半から六〇年代前半にかけて欧米から日本の禅堂へやって来た心の病をかかえる人々は、途方もない数にのぼりました。その結果、山田老師は「禅堂は病院ではありません」と言明されるにいたりました。坐禅は病気の治療ではありません。むしろ、ある種の精神疾患にとって精神集中はかえって有害となりうるのです。

坐禅をする、しないに関わらず、日本人は坐禅の価値を正しく知っています。彼らは坐禅を、心をコントロールするための厳しい闘いであり、生活のあらゆる局面におよぶ修練とみなしています。このことは、千年にもわたって日本人のものの考え方や文化に浸透しています。坐禅こそが定力の働く場であり、坐禅以外のすべては「道」と呼ばれます。たとえば、茶道、華道、書道、弓道、剣道などで、柔道や合気道などもこれに入ります。

これらの「道」はすべて禅から生まれたものです。かつてドイツやアメリカの若者が三雲禅堂を訪れて、山田老師に「合気道を深めるために禅を習いたい」と申し出たことがありますが、老師はやさしく、しかしきっぱりと「合気道は禅から生まれたものであり、その逆ではありません」と教えました。禅は深く集中した精神から生まれる力、すなわち定力の流れを整えるための訓練なのです。

定力の作用は、使徒聖パウロの生涯にもはっきりと見てとれます。聖パウロのダイナミズムは、定力を原動力としています。伝道者として、彼は定力を源にしてつねに行動しました。その著作の数々はまさに定力の爆発であり、彼の教義のすべては、定力という偉大な宗教体験から学びとられたものであるように思えます。祈り、体験、そして行動の源となる力はすべて、坐禅の第一の目的とされる定力が内包しているものです。

悟り

禅の第二の目的は「見性悟道」、つまり「悟り」です。これは、「めざめ」とも「開悟」ともいわれます。悟りとは、真の自己を洞察し、同時に森羅万象の摂理を洞察することです。タターガタ（如来、完全な状態）！　実に、はじめから私は完成されたものだったのです。なんとすばらしいことでしょう。真の見性は誰が体験してもつねに同一のものです。しかし、見性体験の深さには自ずと違いがあります。なぜなら、見性体験が完成するまでには多くの段階があるからです。

安谷白雲老師は第三の目が開かれていくことを、生まれつき目の不自由な人が少しずつ視力を取りもどしていく過程にたとえられました。最初はぼんやりと近くのものしか見えませんが、視力が回復するにつれて一メートル先のものが、やがて数メートル先のものが見分けられるようになり、ついには一キロ先のものでも識別できるようになります。それぞれの段階でその人が見ている現象界は同一のものです。しかし、それぞれの段階における視力には大きな違いがあります。見性体験の明確さと深さに差があるのも同じ理由からです。

見性は文字どおり「本性を見ること」で、大乗仏教徒にとってもっとも重要なものです。道元は「悟りがなければ禅はない」と断言しています。悟りとは、単なる精神集中や没入によって生じるわけではありません。つまり、心が物質界の何らかの対象に向けられているかぎり、悟りはありえません。たとえ心が自己の内面へ向けられたとしても、私たちの主要命題である生と死の問題を精神集中によって根本的に解決することはできません。これらの問題は、悟りを開くこと、そして悟りを自分のものとすることによってのみ解決されうるのです。したがって、坐禅によって生の苦しみから解放されたいと思うなら、悟りを開くことを修行の第一の目的とすべきです。

道元は「悟りを得るためには、仏の加護を求めなさい」と言いました。この言葉は、「悟りは自分一人の努力で得られる」という仏教徒の通念が誤りであることを示しています。

仏教徒にとって悟りは救済に至る門であり、絶対不可欠なものです。では、悟りという体験は、私たちクリスチャンにとって何にあたるのでしょうか？　私たちは「絶対者」を「神」と呼びます。そして私たちにとって見性とは、内なる神と無量の被造物の本性を洞察することなのでしょう。私たちクリスチャンは、仏教徒ほどに「生と死」の問題が主要命題であるとは認めようとしません。なぜなら、「人間の罪はすでにキリストによって贖われており、あとは世界救済のために残された役割だけを果たせばよい」という通念があるからです。他方で、最近流行の「臨死体験」に関する本は、いずれ赴くであろう死出の旅について私たちの目を開かせつつあります。

二十世紀が終わりに近づいた今、私たちクリスチャンにとって神と無量の被造物の至高の本性を洞察するという体験はますます重要性を帯びているのではないでしょうか？　また多くの現代人にとって、キリスト教はその意味を増しつつあるのではないでしょうか？　一方で、キリスト教会の富と権力の内部構造は、貧しい人々や女性にとって忌むべきものでもあります。さらに、数は減りつつあるもののいまだ教会内の富と権力に忠実な人々は、欲求不満や虚脱感、絶望感に陥りやすくなっています。

では、パラダイムと世界観が大きく変化しつつあるこの時代に、私たちはどこに助けを求めて、指針を得たらよいのでしょうか？　無気力な、あるいは旧態依然とした宗教家でないのは確かです。評論家たちが現代の状況を分析する場合、ドストエフスキーの「大審問官」[五五]がよく引用されますが、実際のところ、もしイエス・キリストが現代の雑踏に現われたとしたら、私たちは彼に気づくでしょうか？　現代人は神との接点を失ってしまったと私は思います。私たちはもう一度神に出会い、神に気づき、神とたがいに知り合わなければなりません。しかもラサール神父が言われたように、より深いレベルでの、「神を体験する」というかたちでの出会いが必要でしょう。

　このことについては聖書でたびたび語られています。『ホセア書』にはつぎのような言葉があります。「私が喜ぶのはいけにえではなく愛であり、捧げ物ではなく神を知ることである」。このすばらしい言葉を、私たちは坐禅のはじめに唱えます。また『詩篇』四六篇の言葉は、簡潔にして英知にあふれています。「静まりなさい。そして、私が神であることを知りなさい」。新約聖書でも、パウロの手紙に数えきれないほどの例を見つけることができます。たとえば『コロサイの信徒への手紙』のなかで、「コロサイ人たちがキリストを知るという豊かな体験ができるように」とパウロは祈っています。「キリストを知る」ことがパウロの人生を変えました。そして、私たちの人生も変わりうるのです。

　私たちが向かいつつある新しいパラダイムは、神と無量の被造物への私たちの信仰に新たな次元をもたらすことでしょう。ラサール神父の言葉を借りれば、「新しい信仰のパラダイム」とは、神秘的、直感的、直接的に「神を知る」ことであり、私たちの禅の見性体験に見られるものです。私たちが禅を修行する究極の理由は、こうした体験に至るためだと私は思います。

悟りを自分のものとする

禅の第三の目的は「無上道[五六]の体現」、つまり悟りを真に自分のものとすることです。これは私たちの全存在と日々の活動のあらゆる局面において、至高の道を実現することにほかなりません。この場合、手段と目的の区別はありません。五種類の禅のうち五番目、最高の禅である「最上乗」がこの段階にあたります。あなたが有能な教師の指導のもとに自己を捨てて熱心に坐禅し、心は染みのない真っ白な紙のように邪念なく、それでも意識は完全に保たれているとき、あなたの純粋な本性が現われてきます。中国の禅ではこれを「本性が原初の自然に回帰する」と表現します。この教えは、私の心をことさら深く揺さぶるものでした。

坐禅の第三の目的である「悟りを自分のものとする、自分の血肉とする」ことは、見性を体験したのちにはじめて可能になることです。見性に至ること自体は、さほど難しくはありません。たった一回の接心で十分な人もいます。しかし、悟りを自分のものとし、究極の人格完成に至るためには、とても困難で長い道のりを経なければなりません。見性体験は単なる入り口です。悟りの瞬間に得たものを自分自身の血肉とすることで、見性は完成されます。真に偉大な禅の修行者は、見性体験による法悦が過ぎ去ったあと、外見上は何の変化も認めません。彼らは深い悟りを開き、すべての妄念を消し去った人たちですが、表面的にはほかの人となんら変わりはないのです。坐禅と見性を経ることで、あなたは特別な人間、変わった人間、常軌を逸した、神秘的な人間になるのでもありません。あなたはごくふつうの、人間らしい人間になり、あたう限りの真の人間になるのです。「真に偉大なクリスチャンとなんら変わるところはないと思います」と山田老師は言われました。

山田老師は鎌倉禅堂での提唱で、「見性体験を投げ捨てて、これを完全に放棄し、町に出かけて行きなさい」とよく言われました。また老師は、「徳は心のなかに育つものです。悟りによって得た智慧は、かならず慈悲の心をもたらしてくれます」といつも教えられました。このとき老師は、私たちクリスチャンに対してつぎのように語りかけているかのようでした。「私たちは今、ここで人々とともに生きているのです。タボル山*の頂上にいるのではありません」。この老師の言葉は、『ヨハネによる福音書』のイエスの言葉を思い出させるものでした。「あなたがたが正しく行動すれば、幸福はあなたがたのものとなるでしょう」。悟りによって智慧を得たら、つぎは行動に移らなければなりません。キリスト教やその他の偉大な宗教と同じように、禅仏教の歴史は、深い悟りを開いた僧たちが悟りに背を向けて民衆の間に入り、労苦を惜しむことなく働いた記録そのものです。忍耐強くことをやり遂げるためには、たくさんの定力が、すなわちたくさんの坐禅が必要です。クリスチャンとしての体験を通して、あなた自身がもう一人のキリストであり、世界中の人々があなたの兄弟姉妹であるということを知れば、あなたは世界を一つにするための力となることができるでしょう。現代がかかえる数々の問題を考えると、天地万物の調和を回復し、地球を私たちと私たちの子どもたちの豊かなわが家とするためには、そうしたプロセスこそが必要です。

さて、私たちの道場での、入門者のためのオリエンテーション最後の二週間は、ひたすら坐禅をつづけるだけです。これは難しいことなので、通常は経験を積んだ修行者だけが行ないますが、入門者であるあなたもあえて実践してみてください。案外、簡単かもしれません。こうした単純な修練を自然に行なうことができる初心者が往々にしているからです。座蒲の上にしっかりと腰を下ろしたら、息を十まで数え、これを一、二回繰り返してください。その後、数えるのをやめて、ただ息の流れるままにまかせましょう。以上です。これを毎日つづけてください。

第八章　公案と相見《しょうけん》について

禅を本格的に修行するには、坐禅以外に「独参」と呼ばれる指導者との個人面接と、「提唱」と呼ばれる全体講義があり、いずれも十分な訓練を積んだ、資格を有する指導者によって行なわれます。しかし、独参と提唱についてお話しする前に、まず「公案」について説明しておかなければなりません。私たちの禅修行では、公案が独参と提唱の核心にあたるからです。

「公案」という言葉は、今では世界中でよく知られています。福音書のなかの寓話にたとえられることもありますが(あまり適切なたとえとは思えませんが)、その当否はともかく、『ニューズウィーク』誌に「聖書の寓話と禅の公案は同じような効果をもっている」という記事が載ったときには、とても興味深く感じました。

「公案」の「公」は「公共の」あるいは「すべての人に共通の」という意味です。「案」はふつう「告知」または「真理を提示すること」と解釈されます。したがって、「公案」とは「すべての人に共通の真理を提示すること」です。柴山全慶老師によれば、「公案」という言葉の語源は「真理があるところ」だそうです。しかし、いずれの定義でも触れられていない重要な点は、公案はふつう理性には受け入れがたい意表をつくような言葉を用いて、謎かけ、または難題のかたちで表現されるということです。

もし公案が「すべての人に共通の真理を、謎かけのかたちで提示すること」であれば、禅の師家たちはいつどこででも公案を作りだすことができて、その数は何千にも及ぶことでしょう。たしかにそのとおりなのです。公案を記録した書物も数多くあり、臨済の公案集には五千以上の公案が集められています。三宝教団では六つの公案書を用いますが、そのうち以下の四つが各地の禅センターで広く使われています。

一、無門関《むもんかん》（四十八公案）
二、碧巌録《へきがんろく》（百公案）
三、従容録《しょうようろく》[五七]（百公案）
四、伝光録《でんこうろく》[五八]（五十三公案）

三宝教団では原田祖岳老師が編纂された独自の公案集から始めます。これは二十四のさまざまな公案を収録した小冊子です。正式学習の最後には、安谷白雲老師が禅仏教の重要な教科書から集めた公案集を用います。これには、洞山《とうざん》*[五九]の五位や道元の十重禁戒についての教えが含まれています。これらは公案の教科書ではありませんが、公案として書かれている部分もあるのです。

もっとも有名な公案の一つに「隻手《せきしゅ》の音声《おんじょう》」（六〇）として知られるものがあります。一見、これは意味がわからない公案です。両手を打ち合わせれば音が出ますが、片手だけでは音は出ません。もちろん、長い間考えれば何か答えを出せるでしょうが、そのような答えはふつう受け入れられません。それは頭で考えだした答えだからです。正しい答えは直観によって得られるとよくいわれます。「隻手の音声」は難解な公案と考えられており、初心者に与えられることはまずありません。三宝教団では、「無字《むじ》」と呼ばれる公案が最初に与えられます。

　ある僧侶が趙州《じょうしゅう》に「犬も仏性をもっていますか、それとももっていませんか」とたずねました。趙州は「無《む》」と答えました。

これは単純にして単刀直入な公案です。趙州は高名な禅の師家でしたが、ここでは弟子の一人によって挑戦されています。質問は理詰めなものですが、「仏性をもっている、もっていない」という答えを超えた回答を、弟子は師匠に期待していました。しかし、「無！」という見事な一撃を避けることはできませんでした。

趙州の答えは理性にとっては無意味かもしれませんが、独参のたびに老師は「無とは何か」を徹底的に探ろうとします。これは特定の目的をもった公案です。すなわち、弟子はどのようにして公案というものに取り組むかを教わります。「いま、ここ」への意識と静寂が深まるにつれて、坐禅する人はますます「無」に没入するようになります。接心はそのための理想的な環境を作りだします。このような「無」への没入は特殊な意識状態をもたらし、そしてすべてに機が熟した瞬間、ある反応が起こります。これが見性であることも、そうでないこともあるでしょうが、そのいずれであるかは独参の折に老師が判断してくれます。真の見性体験は、「世界が崩壊する」、「身心が脱落する」など、さまざまな言葉で表現されてきました。しかし、どのような言葉を用いようと、それは無限の可能性をもつ「無」の体験にほかなりません。そして「無」には何の区切りもありません。すべてがつねに一つなのです。

こうした体験を通して、「無」はその姿を現わします。そして、これが真の見性であれば、修行者は自信を得ます。さらに、指導者から突きつけられた問いは見性体験の範囲にぴたりと命中して、適切な答えをただちに、しかも確信をもって返すことができるようになります。見性体験の深さはさまざまです。また、深い体験ほど大きな喜びを伴うものです。指導者が真の見性体験であると認めれば、修行者はつぎの公案へと進み、これらの公案によって、ますます「視野(sight)」が広がっていきます。「洞察(insight)」という言葉がしばしば用いられるゆえんです。こうして得られた智慧の光に照らされ、駆り立てられて、私たちは貪欲、怒り、不公正、無知、公害、貧困、戦争に満ちたこの世の実社会に取り組んでいくことになります。

実社会といえば、公案が生まれる場所もまさにそこです。公案はその題材を具体的で日常的なもの、つまり、犬、狐、手の指、ひげ、木、花などに求めます。公案はまた、こうした題材に対するある種の感覚的なアプローチを私たちに迫り、これらを観念的にとらえずにはいられない私たちの長年の習慣を打破しようとします。

このように公案は幅広い題材を用いていますが、これらはすべて同一の真理を指し示しています。ただ、公案のもつ一種の軽みによって、その真価が覆い隠されているにすぎません。昔の中国の禅師たちのすばらしい創作である公案は、理性に挑戦しつづけて、「人の理性には限りがある」ということを絶えず指摘してきました。そして、「ああ」という嘆声をもって理性が降参した瞬間、純粋な歓喜が訪れるのです。一修行者として私は、公案は禅を学ぶ上でもっとも楽しい方法であり、また東洋の霊性の非凡さを量るよい尺度であると思っています。

「無」の公案に取り組んでいると、やがて私たちと「無」との隔たりはなくなっていき、突然一体になります。何ものかと一体化する過程で、私たちは両者を分離していたかのようにみえていた幻の壁を打ち砕きます。そしてまもなく、私たちの苦しみはこのような幻想、つまり、私たちと世界を分離している幻の壁が原因であったことに気がつきます。新約聖書のパウロの手紙を読んでも分離が唯一の罪であるということがおわかりになるでしょう。行動するとき、私たちはその場の状況と一体にならなければなりません。大切なことは、そこにいること、あるいは行動することであり、頭で考えることではありません。

私が日本の製鉄会社で英語を教えていたときのことです。「何かを思わずひっくり返してしまったとき、どんな声を上げますか？」と生徒から聞かれ、しばらく考えたあと私は答えたのですが、生徒たちは明らかに納得できない様子でした。そこで、彼らはやっかいな状況を再現してみせ、そのうち私は本当に水の入ったコップをひっくり返してしまったのです。とっさに私が叫んだ言葉は、考えて出した答えとは違うものでした。自然な反応ほど的を射ているものです。禅においても、よく考えることがかならずしも良いこととは限りません。

公案は言葉遊びではありません。公案は直観を刺激するものです。公案は内容だけではなく提示の仕方も力強く、自然で、内容と一体でなければなりません。また、理性は私たちを禅体験へ導くことができないという意味においてのみ、公案は反理性的なものだと言えるでしょう。

禅堂では、中国から伝わった「五百匹の愚かな猿」の話がよく引き合いに出されます。ある晩、五百匹の猿が皆で一緒に歩いていました。するとそのうちの一匹がたまたま道ばたの井戸をのぞきこんで、底にお月様があるのを見つけました。その猿はとても驚いて、仲間の猿にも井戸をのぞくように言いました。猿たちは皆狼狽して、「お月様が井戸の底に落ちてしまった。これからは夜の月明かりがなくなってしまう」と考え、一緒にお月様を助けることにしました。まず、はじめの猿がそばにある木に両腕を巻きつけたまま井戸に入りました。つぎの猿は井戸のなかに降りていって、はじめの猿のしっぽをつかんでぶら下がり、同じようにして猿たちはつぎつぎと井戸の底に向かって降りていきました。ちょうど五百匹目の猿が井戸の底に降りてお月様を助けようとしたその瞬間、木が折れて、深く暗い井戸のなかで猿は皆おぼれ死んでしまいました。すべては思い違いがもとです。

公案は、私たちを直接的な体験に導こうとします。私たちの修行では、坐禅中に公案の答えを出そうとするのではありません。どのような公案を与えられていようと、坐禅中は心と身体を調和させて坐ります。公案に取り組むのは、独参と提唱においてです。

公案は、たとえば犬や手の指、狐、熊、木や花といった平凡で単純、どこにでもあるようなものを題材とします。信心深い人のなかには、このような事物を「宗教的ではない」と警戒する人もいます。しかし、これらは間違いなく神聖であり、同時に世俗的なのです。私が今、このワードプロセッサーの画面から窓の外へ目を移すと、一本のヤシの木が見えます。このヤシの木はクリスチャンでも仏教徒でもなく、ただのヤシの木です。「ヤシの木」という言葉を見聞きすると、あなたは一本のヤシの木を思い浮かべるでしょう。もし百人が同じ言葉を見聞きすれば、合計百本のヤシの木が思い浮かべられるでしょうが、それらは一つとして同じヤシの木ではないでしょう。ですから、私が提唱の際に三十五人の前で「神」という言葉を用いるとすれば、三十五通りの神々が彼らの心のスクリーンに現われるはずです。これらは観念上の神です。観念は理論で用いる分にはかまわないのですが、公案で用いるべきではありません。一本の木はそれ自体ですばらしい公案です。このことは私たちの禅の仲間によってすでに証明済みです。禅の霊性においては「世俗的」と呼べるようなものは一つもありません。

公案の題材は具体的な事物です。しかし、これらは一時的な触媒として働くにすぎず、考察や議論のテーマではありません。東洋の禅師であれば、「行為、思考、感覚は世界を客体化する。

その結果、私たちは世界から分離、孤立してしまい、私たちの自我意識は強化される」ということに気づかせてくれるでしょう。この点で、自我意識を強化するような西洋の心理学的手法をみだりに用いる霊的指導者たちに対して、私は警告したいと思います。もし心理学的な問題をかかえている人であれば、心理療法を適用するのも結構でしょう。しかし、健常者、とくに健康な東洋人の自我意識を長期にわたって強めようとするのはとても危険です。このようなやり方は、東洋の霊性の根本、東洋人が生来そなえているものに逆行するからです。西洋人の場合は自我意識がすでに過重負荷となっているので、これを軽くしてあげることが必要です。彼らにとっては、まず坐禅がその解決法となります。

あるアメリカ人の司祭がフィリピンの禅センターでミサを行なったときのことです。彼は「禅に関しては無知」と公言していたのですが、その説教のなかでこう語りました。「私は禅のことはあまり知りませんが、あなたがたの瞑想的な祈りでできることといえば、苦行ぐらいのものでしょう」。彼は自分が思っている以上に禅を理解していました。私なら「苦行」に「感謝」という言葉をつけ加えたでしょうが。私たちは瞑想が苦行であるという言い方はしませんが、実際にはそのとおりなのです。十字架のヨハネはこれを「魂の暗い夜」と呼び、ダヴィデ*は『詩篇』のなかで「死の陰の谷」について語っています。これが結果的に何をもたらすのか、私たちはそのすべてを知っているわけではありません。しかし、修行が心と身体の調和をもたらすこと、そして一体化のダイナミズムがもつ固有の意味を修行者全員が分かち合うこと、これらは確かです。

公案は独参の場で用いられます。「独」は「ただ一人」を意味しますが、「ひとりでに」「自発的な」という意味もあります。「参」は「行く」あるいは「訪ねる」という意味です。ですから、「独参」とは「ただ一人で老師を訪ねて、自発的にふるまう」ということになります。

独参での師と弟子のやりとりは、二人の間だけのものです。公案についてのやりとりが行なわれるわけですから、秘密厳守であることは明らかです。坐禅が深まるにつれて、師は「問答」のテクニックを用いて弟子を挑発します。このような問答は「質問が込められている」とは思えないような形式で行なわれ、ふさわしい答えを求めて暗中模索すれば、摩擦が生まれて、見性を導きだすための火花が放たれます。

それはマッチ棒の先の化学薬品のようなものです。長く坐禅をつづけるにつれて、化学薬品の量は増えていきます。しかし、薬品が蓄積するだけでは、悟りに至ることのないまま何年間も坐りつづけることになるでしょう。マッチに火をつけるためには、マッチ箱の横についているやすりの部分が必要です。そして、これもまた禅の指導者の役割です。公案の答えを早々に知ってしまうことは、このやすり部分に油を塗るようなものです。

過去二百年以上にわたって日本の禅寺は衰退傾向にありますが、その兆候の一つとして、公案解答集の存在が挙げられます。これは本来、師から弟子へと口承されてきたものです。日本の仏教において独身制度が途絶えたあと、禅僧も妻帯し、家族をもつようになりましたが、その際に「長男が父のあとを継ぐ」という古来の慣習も同時に引きつがれました。たとえ公案や悟りについて何も知らなくても、長男は父から老師の称号を継承しなければならなかったのです。この場合、少しばかりのお金か、昔からのよしみで問題は解決されてきました。かくして、公案はその生命力を奪われることになったのです。

独参室の親密な空気のなかで、老師の智慧と慈悲の心は弟子を助け、同時に挑発していきます。つぎの詩は、山田耕雲老師が七十七歳の臘八接心の終わりの日に書かれ、老師が亡くなられたあと、その存在が知られたものです。

元古仏云
明知心是山河大地
日月星辰矣
一夜忽然承当此事
天地崩壊絶繊塵
了々見無一物無人亦無仏
一切業障如電払
却来畢竟如何
無別事只這是
君看双眸色不語

かつて古仏は言われた
明らかに知りぬ、心とは山河大地なり、
日月星辰なり、と。
一夜、忽ちに知った。
天地が崩壊し、すべてが灰燼に帰したことを。
何一つ、誰一人、仏陀すら私は見なかった。
稲妻に打たれたように、私の罪業は消え去った。
そして、そのあとにあるものは?
何一つない。これこの通り、この通り。
私の目を見よ。その目は何も語らない、

不安の欠片《かけら》も宿さない。　　　　似無憂
昭和五十九年臘月《ろうげつ》〔六一〕八日(一九八四年十二月八日)
耕雲軒禅心　七十七歳老叟《ろうそう》(12)〔六二〕

アビシクターナンダ*は、遊行僧について語ったなかで、禅の老師のことを以下のように描写しています。

彼は日々の生活のなかでいかに精神集中をもって、しかも超然として、人としての平凡な営みを行なうかを示してくれることでしょう。また同時に、毎日の仕事や関心事の最中にあっても、いかにして「いま、ここ」に確固とした注意を向ければよいのかを教えてくれるでしょう。(13)

これこそが禅の道です。少なくとも、禅の道を言葉で簡潔に説明したものと言えます。前にも述べたように、禅はある意味で無に化す過程であり、これは感受性を徐々に高めてくれるものです。禅はまた時と場所を問わず、完全で充実しています。

禅堂は必要とあればいつでも慈悲の手を差しのべます。私たち禅の修行者への現代社会のニーズは非常に大きく、環境問題のために何らかの行動が必要になると、マニラ禅センターのメンバーはかならず参加を要請されるほどです。私たちはつねに地球環境を意識していると思われているのでしょう。自然の根源をつねに意識することには違いないのですが。

インドのマザー・テレサ*と、彼女のもとで働きたいと熱心に望んでいた若い神父のエピソードをお話ししましょう。マザー・テレサとの会見で、彼は自分がいかに貧しい人々を愛しているかということ、そして「神の選民」である彼らを是非とも助けたいということを熱く訴えました。聞き終えたマザー・テレサはつぎのように言ったそうです。「あなたはまず神様に自分自身を捧げたほうがよいようです。さもないと、貧しい人のもとで働くことによって、あなたは激しい欲求不満を抱くことになるでしょう」。

世界が今必要としているものに応えるためには、善意だけでは不十分です。このことは、あなた自身の人生についても言えるでしょう。もしあなたがこの本を読んで共鳴し、禅を続けたいと思ったら、禅の指導者を探してください。もし近くにいなければ、一人で坐禅を始めてください。

山田老師が外国からの見学者に会われるとき、私はたびたびその通訳をしました。面談は一、二時間ほどのものでしたが、一人で坐禅することに対するアドバイスを求められると、老師はいつでも喜んで応えておられました。

山田老師は、本書の第一章にあるように、まず坐禅の身体的側面について教えられました。つぎに呼気と吸気を数えながら自然に呼吸することを教え、「これはけっこう忙しいことかもしれません」と付けくわえられました。そのような場合は、吸う息を目でたどり、吐く息だけを数えるほうがよいかもしれません。そうすれば、息を数えることに追われず、心を一点に集中する時間がもてるでしょう。そして、老師は最後にこうアドバイスされました。「忍耐強く数息をつづければ、安全で確実に、真の見性体験へ至ることができます」。

もしあなたが近くで真の優れた禅の指導者に出会うことができたら、最初の面接である相見では「なぜ禅を修行したいのですか？」と質問されるでしょう。考えられる理由の数々は、禅の道それ自体と同じくらい多くのものを含むでしょう。あなたがどのような理由でここまで辛抱強く読みすすんできたのであれ、あなたが求めていた何かがこの本には書かれていたはずですから、「なぜ禅を修行したいのですか？」と新しい指導者に問われたとき、きっとあなたの答えは弟子として、また僧伽の一員として迎えるにふさわしいものとみなされるでしょう。

誠実に禅を実践すれば、弟子であるという意識、僧伽のメンバーであるという意識が次第に深まっていき、やがてある日、思いもよらない瞬間に、つぎのような事実を知るでしょう。

子は、父のなさることを見なければ、自分から何事もできない。父がなさることはなんでも、子もそのとおりにする。

（『ヨハネによる福音書』五章19節）

このような父性は、家族皆でわかち合われます。そのときこそ私たちは地球上の仲間たちとおたがいに思いやりながら、一つになることができるのです。

第九章　真実の自分を求めて

人はなぜ禅を選ぶのでしょう？　ある人がいずれ禅に惹かれ、これを修めるだろうということがどうして解るのでしょうか？　つまり、日々の瞑想のなかで、心や感覚にとって心地のよい甘美さを求めるのではなく、祈りに満ちた静寂に安らぎを見いだすのはどのような人なのでしょうか？

東洋風の修練がもたらす治療的効果は、つねに多くの西洋人に歓迎されています。しかし、禅がもたらす新たな洞察が心を豊かにし、それが自分たちの伝統文化を補完し助けてくれると考える西洋人は特別なタイプの人なのでしょうか？

そもそも禅の瞑想は祈りなのでしょうか？　もし祈りであるならば、なぜ私たち西洋人が禅を必要とするのでしょうか？　西洋のキリスト教は、二千年にもわたって人々の心を満たしてきた祈りの方法をあり余るほどもっているではありませんか。では、祈りとはいったい何なのでしょうか？　禅とキリスト教の祈りは違うと言われるでしょうが、あなたがいて神がいるのなら、両者でどんなふうに違うのでしょうか？

私の禅の霊性は、ある特殊な体験に根ざしています。すなわち、子どものころから慣れ親しんできた「神様」の別名、「不可知なもの」「名づけられないもの」に触れたという体験です。では、なぜ私はいきなりこのような否定的概念を受け入れることができたのでしょう？「愛するお父さん」であった神が、今や大いなる「不可知」となったのです。こうした疑問にいくらかでもお答えするため、私自身がいかにして「知る」ようになったかについてお話ししましょう。この場合の「知る」とは、本書のはじめに引用したアビシクターナンダの言葉のなかにある「真の自己を知る」ことです。彼によれば、これは「人が到達しうるもっとも高い境地」なのでした。では、いったい、私は誰なのでしょうか？

私自身の禅体験についてお話しするとき、私はカナダの大西洋岸にあるニューブランズウィック州モンクトン*の海辺で生まれたという話から始めることにしています。しかし、私が「海辺」と言う場合には、実際の場所を指すのではなく、一種の体験、あるいは山田耕雲老師の言葉を借りれば「真の事実」を言います。もちろん水のなかを泳ぎまわるときの感覚は大好きですが、水の本質はそうした快感ではありません。『碧巌録』の公案の一つに「十六人の菩薩が沐浴をしたとき、『それ(It)』を知るに至った」というものがあります。水はもう一つの出会いの場でもあるのです。

私は音楽好きの家庭に育ち、音楽と海には多くの共通点があるとつねづね思ってきました。小さな家族オーケストラで演奏するうちに、寄せてはかえす波のようなメロディーの豊かなハーモニーをいつしか私は楽しむようになったのです。音楽の能力があれば、音楽が秘めたものを適切に表現することができます。音楽に熟達すると、自我を離れて、内面の「流れ (flow)」を音楽と一体化させることが可能になります。

私が学生時代に感じた内面の「流れ」と同様なものを、スポーツ選手も感じることがあります。ジョセフ・キャンベル*は「スポーツにおける霊的同一性」について書いています。また、マニラ禅堂のメンバーの一人は、「禅とランニング術」という論文を年報に寄稿しました。つまり、あらゆる活動は霊的なものに根ざすのではないでしょうか。私が日本を離れる少しまえのことです。ヴァイオリンを弾いていると、「それ」が楽器のなかへと広がっていき、すべてが一つになったのを「見た」と長年の友人が話してくれたことがあります。

大学入学をひかえた一九四一年、私の心は開きはじめました。当時兄と姉が二人とも大学に行っており、家計が困難だと感じた両親に頼まれて、私は大学進学を一年延ばすことになりました。そして、この一年間が私にとって冒険の時となり、大人になるための通過点、遠い山の頂に魅惑的な旗がひらめく未知の王国への旅立ちとなったのです。しかし、その山のふもとに到達するだけでも、さらに十二年ほどの年月を要しました。

大学入学までの一年間を、私は書物を友として過ごしました。あるいは、偉大な作家、思想家たちを友として過ごしたというほうが、より正確かもしれません。そして、その教えよりも彼らの魂の温かさの方がより輝いていました。私はけっして広い範囲の書物を読んだわけではありません。その大部分は自由な精神に富んだカトリック教徒による宗教的な著作で、当時イエズス会神学校を卒業したばかりの従兄が一冊ずつ熱心に選んでくれたものでした。これらの本は神学に偏るわけではなく、また過度に哲学的でもない、すばらしい物語でした。私は鋭い感受性と好奇心に富んだ、高い見識をもつ人々の目を通して学び、世界を眺め、人生を生き、日々喜びに満たされていました。

数カ月のあいだに私はヒレア・ベロック*、G・K・チェスタトン*の著作の大半と、R・H・ベンソン*の小説やモーリス・ベアリング*を読みました。私は彼らの冒険に自分も参加しているように感じ、ストーリーに熱中したものでした。とりわけ印象に残っているのは、迫り来る兵士たちから逃れようとする王妃マリー・アントワネットを描くベロックの思いやりにみちた筆致です。王妃が捕らえられた場所、道や時間をベロックは綿密に検証し、「もし彼女が別のルートを選んでいたら、おそらく逃げきれていたであろう」と同情を込めて記しています。また、チェスタトンが駅で列車を待つあいだ、たまたまポケットのなかに見つけた小さながらくたについてユーモアと温かさを込めて語るのを読んだとき、どんなに親しみを感じたことでしょうか。

カミュ*の小説の陰鬱な雰囲気が流行していたころ、私はペギー*、モーリヤック*、モーロア*、ベルナノス*を貪るように読んで、いかにもフランス的な語り口を味わっていました。彼らの描く憂鬱が私の心を曇らせることはけっしてありませんでした。

この新しい友人たちは、驚嘆すべき世界についての繊細な洞察力を与えてくれました。一方、心を突然揺さぶる経験もありました。ある日のこと、パスカルの断章を読んでいたとき――それをどこで見つけたのか忘れてしまいましたが――、私はまったく理屈ぬきに、言葉を超えた深い感動を覚えたものです。私は何度もその章を読みかえし、そのたびに何かしら特別なものを発見しました。神秘的な世界を垣間見ていたのだということに気づいたのは、その後何年も経ってからです。当時の私にはまだよく判らなかったのですが、それでも構わないのだということは判っていました。

あるとき、音楽を一生の仕事にするという計画に突然疑問が生じました。私は「大学の専攻を変える」と切りだして、両親を驚かせたのです。「何を勉強したいのか」と問われて、哲学と答えたことには自分でも驚きました。しかし、「哲学とはどういうものなのか」と聞かれて、「ものの考え方を扱う学問だ」としか答えられなかったときには、とても情けない気持ちがしたものです。私がソフィー[14]だったらよかったのに。十五歳のソフィーは、哲学者とは永遠かつ不変なものを追求する一方、「流れ」をとらえようとする人だと教わったのでした。哲学とは何か説明できなかったにもかかわらず、私は道を歩み出そうとしていました。

しかし、両親の勧めで適性テストを受けてみたところ、思いもよらない結果、つまり「ジャーナリズム」という判定が出たのです。こうした混乱から抜けだせないまま、私はサックヴィル*近郊にあるマウントアリソン大学の英文学科に入学することになりました。同時にヴァイオリンを専攻し、その二年後には音楽の修士課程を終えました。音楽を選んだことは結果的に正しかったのですが、当時はそのことが判りませんでした。それが判ったのは二十年後、私の禅の先生がつぎのように語るのを聞いたときです。「芸術分野で修練を積んだ人は、一般の人よりも容易に東洋的な宗教体験に至るものです」。

その翌年、ニューヨークのジュリアード音楽院に入学したことは、私にとって触媒のような作用を果たしました。コロンビア大学とジュリアード音楽院を結ぶブロードウェイの歩道を、ヴァイオリンを抱いて歩きながら、私は人生が変わりつつあるのを感じていました。ピアノ・カルテットに参加して、アーサー・ウィノグラード*がチェロ独奏をつとめるブラームスの緩徐楽章をともに演奏したことは、私にとって至高体験[六三]?と呼ぶにふさわしかったでしょう。これは単なる情緒的な高揚感ではなく、私はその日、永遠によいもの、永遠に美しいもの、永遠に真実なるものを知ったのです。一方で、私は何ものかを探し求めるジュリアードの学生たちと廊下で出会いながら、「それ」がもつもう一つの側面に日々触れていました。何を探しているのか誰も言葉に言い表わせませんでしたが、若者たちはためらいながらもその探求を続けていました。

そのころ私はニュージャージー州ティーネック*で、従姉とその家族のもとに住んでいました。彼女の息子ビルは、私がほしいと思っていた弟のような存在でした。彼はピザという食べ物をはじめて私に教えてくれるとともに、私の哲学への興味もわかち合ってくれたのです。哲学が「救済」という分野にもその対象を広げ、宗教と哲学のあいだに境界がなくなっていったのは古代ギリシャのヘレニズム[六四]時代であったということを、私たちはまだ知りませんでした。一九四〇年代後半のことでしたが、ビルと私は当時疑問の余地がないとされていた宗教の教義を、私たちの知る哲学に当てはめてみることにしました。このようにして私たちは、将来どのような職業を選択しようとも本当に充足感が得られるのは、人生のあらゆる局面を総括し、人生が投げかけるさまざまな疑問に答えてくれる哲学に出会ったときなのだと考えるようになったのです。このようにして探求は——まだ理性のレベルにすぎませんでしたが——つづきました。

ビルはイェール大学の医学部進学課程に進み、つづいてベルギーのルーヴァン大学で医学を学ぶことを選びました。そこでは哲学の勉強もつづけられるというのがその理由でした。彼の明確な視野と目的意識をうらやましく思ったものです。私自身はカナダのアルバータ州カルガリーに移り、マウントロイヤル・カレッジ音楽院にポストを得て、演奏活動と教育の両方に従事することになりました。

カナダ西部に移ってすぐ、私はアーニー・マカラフという、哲学科を卒業したばかりの青年に出会いました。後に彼はトロントの中世研究所で博士号を得ることになります。アーニーはたいへんな熱意でプラトンやアリストテレスに始まる哲学の巨人たちの世界に私を導いてくれました。

しかし驚いたことに、そして悲しいことに、このような探求によって明らかになったのは、「正しい」哲学を探すための王道はないということです。私は自分が理解できて知的に受け入れられるような真理を一括して得たいと思っていました。それは無理でしたが、代わりに私が学んだのは、これら偉大な哲学者たちの思想もいまだ完全ではないこと、また真理は一挙にではなく、少しずつ解き明かされる現実そのものだということでした。

そのようなある日、アーニーから「聖職者になるつもりだ」と打ち明けられました。彼は考え抜いたすえに、「重要なのは哲学を学ぶことではなく、われわれの生き方そのものであり、奉仕と献身である」という結論に達したのです。その当時、彼のような志をもつ若いカトリック教徒の行き場所は、修道院しかありませんでした。

彼という親友を失って、それからの数カ月間は不安な時期でした。その時代の多くの若者と同様に、私もトーマス・マートン*の自叙伝を読みましたが、東洋の隠喩を用いながらマートンも「学ぶということは、月を指す指にすぎない」[六五]と、アーニーと同じことを言っているように思えました。しかし、トマス・ア・ケンピス*による古典的名著『キリストにならいて』に対するマートンの熱狂ぶりにはまったく心を動かされませんでした。そうしたなかで十字架のヨハネの著作に出会い、ある日私はひっそりと静かに修道女になる決心をしました。まさにそれだけでした。何か壮大なビジョンがあったわけではありません。しかし、あとから振りかえると、そのとき私は「召命」を受けたと感じたにちがいありません。私は海外伝道を使命とする修道会を選ぶことにしました。いろいろなところへ旅をして、ほかの国の人たちと冒険をともにしたかったからです。ここで私はふたたび何か運命的な力に導かれていたのです。しかし、当時それはまったく判らず、先に述べたような理由から私は決意をしました。理性の領域を超えた、霊的な情熱を駆り立ててくれるような国へ私を派遣してくれそうなのは、おそらく聖母宣教者修道会(Our Lady's

Missionaries)だけでした。また、東洋へ行くことは時代の流れでもあったのです。

しかし修道院に入ってわずか二日目で、「ここにはいない」と私は決心しました。修道院での共同生活は、私の性分にまったく反するものでした。読むようにと与えられた本は好きになれませんでしたし、毎日読み聞かされる聖人たちの生涯には何の感銘も受けませんでした。祈禱に関する書物も退屈きわまりないものでした。しかし、結局はいろいろな理由からその後の月日を修道院で過ごし、幸運の訪れを待つことになったのです。

こうしたなかで私は一冊の小さな本を手にし、ここを去るという決心はもはや不要となりました。修道院生活に対する考えは変わりませんでしたが、私は探し求めていたものを見いだしたのです。私の胸はおどりました。これを境にしてその後四十三年間、私は前進をつづけ、後ろを振りかえりませんでした。

その本を読むやいなや、ふたたび私は「召命」を感じたのです。それはベルギー人のイエズス会士ポール・ド・ヤーガーによる『イエスと一つになる(*One with Jesus*)[15]』という本でした。そのなかでド・ヤーガーは「霊的生活には二つの段階がある」と述べています。つまり、第一段階はキリストに親しむこと、第二段階はキリストと「一体化」することで、のちに私が「参入」と名づけたものです。「キリストにならう」という考えに対する私の疑念は、やはり正しかったことが判りました。

ド・ヤーガーは「一体化」を「神秘的恩寵」であると述べ、「聖パウロの霊性」とも表現しました。信仰者は自らのうちにキリストが生き、自由に活動することを徐々に受け入れるようになります。つまり、私たち被造物は神の存在をわかち合い、これに参入さえするようになるのです。私にとって時宜を得たその本の序言で、ド・ヤーガーは以下のように述べています。(16)

もし魂が寛大であれば、この一体化の過程は新たな神秘的恩寵によって力強く助けられ、育まれます。つまり、魂は神の存在を感じるばかりでなく、今や神によって変容という行為が注入され、魂はこれを感じるのです。魂は自らのうちにキリストが住まい、そして愛していることを感じます。こうして注入された愛は、魂のすみずみに浸透し、吸収され、これを喜びで満たしますが、そのとき魂はこの愛がイエス自ら魂のうちで父なる神を愛する愛にほかならないことを知ります。そして魂は、いわばそのすべてが自らのうちに住まうキリストの生命に溶けこむのを感じます。いまや魂はキリストと一つです。そして、この一体化の過程は一歩ごとにより素晴らしいものとなり、ついには完全な聖なる結合に至ります。この結合は変容と呼ばれ、そのとき魂は聖パウロとともにこう叫ぶのです。「生きているのは、もはや私ではありません。キリストが私のうちに生きておられるのです」(『ガラテヤの信徒への手紙』二章20節)。

私はド・ヤーガーの著作の核心、とりわけ「神は自らの存在を魂への注入という感覚で知らしめ、魂は喜びをもってこれを味わう」という言葉を全身全霊で信じました。このような恩寵の基本的要素として、ダイナミズムがまず挙げられるでしょう。つまり、イエスの無限の愛とともに始まり、その死によっても終わることのなかったダイナミズムです。これは、この地上でイエスとともに神を愛する人々のうちに、すべてが成就する日まで受けつがれていくものです。そのようにしてはじめて、キリストの父なる神に対する愛と渇きは満たされます。ですから、私たち一人一人がイエスの生を生きつづけているわけです。私たち自身がまさにもう一人のキリストであり、父なる神と一体化するために創造されたのです。

　禅の古い表現を借りると、このような認識がついに私の「七万二千の毛孔」に浸透しはじめ、ある聖書の言葉に特別な光を投げかけはじめました。そのときまでずっと私の頭から離れなかった言葉、「キリストは私のうちに生きており、それは非我の源である」がそれです。しかし、このことを「自我はもはや私たちの行為の主体ではない」とはっきりと言いきることができるようになるまでには、さらに数年かかりました。

　今や私に必要なのは師を見つけることだけでした。

　修道院での三年の修練期とこれに続く五年の有期誓願期[六六]のあいだ、非我の追求は自我を滅するための激しい修行となりました。それはまた私の神秘主義的傾向が芽ばえ、同時に仏教を知るための語学を勉強するための期間でもありました。しかし、教育係の修道女のなかには指導者を見つけることができなかったので、私は孤独な道を歩むことになったのです。

有期誓願期のあいだに明らかになったのは、聖母宣教者修道会が私に与えられる唯一の使命は、日本での宣教活動であるということでした。私は日本へ渡ることを切望しました。気持ちが沈んでいたある日のこと、私はフランシスコ・ザビエル[*]のすばらしい伝記を読んだのですが、もしザビエルが私の夢をかなえて日本に連れて行ってくれたなら、彼に代わって京都の市街を見おろす比叡山に登り、僧侶に出迎えてもらおうと心に誓いました。ザビエルは望みながらも延暦寺へ入ることを許されなかったからです。

また、当時リベラル派と目されていた若き神学者、マイケル・ノヴァクは、私がカナダを発つにあたってつぎのように励ましてくれました。「あなたが日本へ行く目的はただ一つ、学ぶことです」。はたして彼の言葉は正しかったのでした。

私は一九六一年九月十二日に日本へ到着し、その翌月から日本語学校へ通うことになりました。通学路からは歴史に名高い比叡山を遠望することができ、彼に代わって聖なる山を訪れるというザビエルとの約束を日々思い出したものです。そして翌年の三月二十五日、神がこの世に受肉され聖母マリアに宿った「神のお告げの日」に、制服の長いスカートをたくし上げて、寒さのなか比叡山頂に舞う雪と格闘しながら、ついに天台仏教の至宝、延暦寺釈迦堂[*]にたどり着き、その有名な堂守に会うことができたのです。

堀澤祖門[*]は籠山行中の若い僧侶でした。籠山行とは十二年間にわたって厳しい修行を行ない、その期間中に特別な宗教体験に到達しなければならないものです。ひたむきな学生として数年間を京都大学で学んだのち、彼は二十一歳の誕生日に比叡山に登り、その後二度と俗界には戻りませんでした。その苦行を通して、彼は魂の旅を歩むための道を見いだす能力に秀でていたのです。彼自身が歩んだ道は今日でもなお偉業として輝き、修行者を導く光でありつづけています。

その日、訪れた私たちに沈黙のまま、彼は火鉢のそばに坐るようにと身ぶりで勧め、お茶の準備を始めました。その動作はあたかも蝶のようでした。彼はお茶を湯呑みに注ぎ、私と友人の前に置きました。こうした優雅なもてなしによって、堀澤さんは何かを体現しているのでした。しかし、私には「それ」をとらえることができませんでした。

一時間も経ったころでしょうか、彼ははじめて沈黙を破り、友人に私のことを紹介させました。これが終わると彼は私のほうを向いて、「あなたはどのように祈りますか?」ときわめて直截に、しかし真剣にたずねました。私は途方にくれてしまい、「どういう意味の質問ですか?」と聞きかえしました。彼はこう言いました。「まずはじめに、祈るためにはどのような姿勢がよいか、それを教えてください」。とるに足らない質問のように思えたので少々気が楽になって、私は彼の意図を無視してしまいました。

しかし、堀澤さんは話をつづけて、「瞑想するためには、姿勢がとても重要です」と強調しました。会話が進むにつれ、私ははじめて禅について学ぶことになったのです。比叡山での不思議な出会いから三十五年経ちますが、私がカナダへ帰ってきた今でも堀澤さんとの友情は変わらずつづいています。

日本語学校での勉強を終えたあと、私は広島のイエズス会エリザベト音楽大学で日本語の音楽用語を学ぶことになりました。このとき、創設者でもある校長は笑みを浮かべながら心得顔で、つぎのように言いました。「ところで、あなたには霊的指導者としてフーゴー・愛宮ラサール神父をご紹介しましょう。神父は西洋、東洋どちらの伝統においても神秘家でいらっしゃる方です」。この傑出した人物は、一九四五年八月広島に原子爆弾が投下されたとき、爆心地近くにあった教会の主任司祭として働いていました。彼の被爆体験は、その一部がジョン・ハーシー著*『ヒロシマ』に収録され、『ニューヨーカー』誌をはじめ数多くの本や記事でも紹介されました。ですから、「ラサール神父」として愛されているこの人のことを、誰もが知っていたのです。

外国人が日本国籍を得るのは容易なことではありません。しかし、被爆で負った重傷から奇跡的に回復したラサール神父は、世界中から寄せられた寄付金によって見事に教会を再建し、日本政府は彼に市民権を与えてその栄誉を称えたのです。そのとき神父は日本名として、「愛」と「神殿」を意味する「愛宮」を選びました。

神父にはじめて会ったとき、そうしたことを私は何一つ知りませんでした。私が最初にした質問は、「禅について何かご存じですか?」というものでした。ところが、神父はすでに長年にわたり原田祖岳老師のもとで禅の修行をつづけた方だったのです。私はたいへん驚きました。そして、世界中の弟子たちと同様、私もただちにラサール神父に心から敬服し、その足もとにひざまずきました。私は感謝を込めて、この本を誰よりもまずラサール神父の思い出に捧げます。神父は「愛の宮」に私を含め多くの人々を導いてくれました。私はついに師を見いだしたのです。日本における私の使命は、宣教活動の一環として大阪郊外の工業都市、吹田の文化センターで働くことでした。私たちは主に西洋クラシック音楽を教えましたが、この小さなセンターには日本のさまざまな伝統芸術の教室もありました。熱心な宣教者のほとんどがするように、私も喜び勇んでこれらを習いはじめました。しかし、こうした熱意は日本文化を学ぶのに必要でないことにまもなく気づきました。

日本でその伝統芸術を学んだ西洋人が書いた本は数多くありますが、なかでもオイゲン・ヘリゲル*の『弓と禅』を超えるものはないでしょう。同書のなかでヘリゲルは「私は故国ドイツでは射撃選手だったので、日本で教職にあったとき、弓道を学ぶことが早道だろうと考えた」と語っています。しかし、射撃では標的を狙って撃つのに対し、的を狙わないのが弓道の奥義です。同書の全篇を通して、「狙うこと」から「狙わないこと」へ意識を変革することの苦しみが繰り返し述べられています。

私が最初に習った日本の芸術は琴とよばれる日本風のハープで、これは床に置いて演奏される楽器です。琴には十本以上の弦が張られていて、「さくら」のメロディーを弦を一本も押さえずに演奏することができます。私は上達が早く、まもなく大阪の文化会館で百人ほどの琴奏者と一緒に合奏するほどになりました。この演奏会が終わってすぐ、「つぎは歌に挑戦しなさい」と勧められましたが、それまでに私が歌っていたものとは大違いでした。裏声を使ってスイスのヨーデルのように歌わねばならないのです。これには向かないとすぐに悟りました。つぎに茶道のけいこを始めましたが、「三メートルを七歩で歩きなさい」と言われて自分の長くて大きな足をつくづく眺め、「この足では優雅に歩くことはできません」と答えて、二、三カ月でやめてしまいました。続いて書道に挑戦しました。最初は「それ」の力が身体から腕、手、筆、墨を通して紙の上に均等に行きわたるように、ひたすら筆を持つ練習だけでした。筆が正しく持てるようになると、やっと「一」の字を書かせてもらえます。「三年間筆の持ち方を練習しても、一の字すら書けないなんて。そんなことで私は神秘家になれるのだろうか？」という疑問がわき、これもやめてしまいました。

唯一、長つづきしたのが華道でした。しかし、習いはじめて十年経っても、まず最初に花を選び、切って、活けるのは先生でした。これには内心、抵抗を感じていました。

こうした主体性の欠如が私にとって意味するものは何だったのでしょうか？　禅の境地を深めるために必要なステップだったのでしょうか？　たしかにそのとおりだったのです。「自我の妨げなしに、行為の秘めた力が働くにまかせる」ということを私は学んでいたのでした。私が学んでいたのは「自我を働かせない」ということではありません。私が学んでいたのは「非我を働かせる」ということでした。「生きているのは、もはや私ではない」ということが、ようやく日々の生活に現われつつありました。

その当時、私は京都洛北の圓光寺で尼僧たちと一緒に坐禅をしていました。これはラサール神父の取りはからいでした。今日では西洋人が禅を学ぶため仏教寺院に通うのはめずらしいことではありません。しかし、私が通いはじめた一九六〇年代初頭では異例なことで、修行についていくためにはかなりの努力がいりました。圓光寺は、カトリック用語でいえば「修練所」と「修道院」を兼ねていて、すべての接心はそこで行なわれました。その日課の厳しさは常人の忍耐の限界を超えるほどで、朝の三時に起床し、三時五分からの読経に始まる日課は深夜までつづくものでした。

私は臨済宗のこのような過酷さにはなじめませんでしたが、その厳格さや、ほかの人たちと一緒に坐禅する機会が数多くあったことを今ではありがたく思っています。しかし、そこでは何かを洞察することも理解することもなく、何らの甘美さもありませんでした。あったのは寒さだけでした。しかし、なぜか私には長らく待ち望んでいたことが起こりそうな予感がして、修行をやめるという考えは一切頭に浮かびませんでした。後年、山田耕雲老師のもとに落ち着いたころ、老師がよく言われた「膝の痛みなくして、悟りはありえません」という言葉にうなずくことができたのはそのためだったのです。

本書ですでに述べたとおり、一九七〇年代初頭のある日、私がラサール神父と一緒に、西東京にある彼の美しい禅堂「神冥窟」で坐禅をしていたときのこと、私は聴覚的な魔境を体験しました。神父は「ほかの指導者のところへ行って、修行を助けてもらいなさい」と助言してくれました。神父が推薦したのは、当時の日本の禅界でよく知られるようになっていた山田耕雲老師でした。翌日、私は老師と面会して、入門を許されました。

その年の十二月私は鎌倉に行き、仏陀が悟りを開いたとされる日までの八日間にわたって行なわれる臘八接心に参加しました。毎日独参があり、老師からいきなり公案を提示されるのですが、私の答えはいつもいたって平凡なものでした。しかし、十二月五日のことでしたが、老師が提示された公案に対して私はいつもと違った答えをしました。老師はただちに焦点の合わせ方を変えようとされましたが、私の答えをそれ以上変化させることはできませんでした。

この段階を禅では「動く」と呼びます。老師はいろいろな角度から私を「動かそう」と試されました。そして、つぎの独参で老師は「神はどこにいますか?」と質問され、私は仰天してしまったのです。私は自分の心臓を指さしました。老師は手を突きだして、「神はこの小指にもいるのではないですか?」と言われるやいなや、鈴を鳴らして独参を終了されました。

禅堂の自分の席に戻ると、私はなおざりにされていた自分の指先を見つめました。「神は指先にも住みたまう」という事実を認めたくてたまらないにもかかわらず、私はやはり心臓へと強く引かれていて、心が落ち着かなかったのです。私は同じく接心に参加していたラサール神父に相談しました。神父は、山田老師とその指導法に完全な信頼をおくようにと忠告してくれました。

修行に戻ると、それからは順調に前進することができました。そして十二月六日の夕方、空の星が光りはじめたころ、心臓のあたりが破裂するかのようにぱっと開き、その美しい中身が爆発して、私の全存在を貫きました。ついにイレーヌは消えてなくなったのです。非我に至ったというこの体験は激しい幸福感をもたらしてくれました。それから何週間ものあいだ、毎日のように私はつぎの聖句を口にしたものです。「この喜び、この完全なる喜びは今や私のものです」(『ヨハネによる福音書』三章29節)。

私は大急ぎで独参を待つ人の列に加わり、ほどなく老師に面会することができました。老師の笑みは私のそれと同じくらい顔いっぱいに広がり、つづいて真正の体験をした修行者のために行なわれる昔ながらの検証が始まりました。老師は私の見性をただちに認証されました。ついに扉は開かれたのです。そして喜ばしいことに、そこにはもとより扉など存在していませんでした。愛の源にはいつでも自由に至ることができるのです。高まる鼓動を胸に仏教の師の足もとにひざまずき、私はたった今「それ」に触れたのだということを知りました。辞書に「悟り」が「知ること」を意味するとあるのは、まことに的を射ています。

何も見ない、何も聞かない、何も触れないような宗教体験を人に伝えるのは難しいものですが、これを説明するために否定的表現を用いる理由が私にはやっとわかりました。しかし、その否定語は無限の可能性に満ちた否定語です。言葉はできごとを描写することはできますが、その内容や歓喜の瞬間を表わすことはできません。

見性の初期は、小さな穴からのぞき見るようなものにすぎません。引きつづいて見性体験後の公案学習があり、これによって洞察を広く深いものにしていきます。私は山田老師にいつでも会えるようにと、まもなく鎌倉へ引っ越しました。生活費は、当時のほとんどのアメリカ人と同様に、英語を教えることによってまかないました。この偉大な老師のもとで坐禅をするために、すべてを投げうって鎌倉に住む外国人の数は二十―二十五人にのぼっていましたが、これらの半数は修道女や神父で、私たちがわかち合う友愛の喜びはとても大きなものでした。

ルーベン・アビトは際立って知的なフィリピン人で、見性体験が認証されたはじめてのカトリック教徒であり、後にはそれを生かして貧しい人々を助けるために献身しました。ヴィリギス・イェーガー*はベネディクト会士らしい奉仕精神を発揮し、毎日自宅を開放して坐禅、朝の祈り、ミサを行ない、朝食を提供していました。その他のメンバーにはジョーン・リーク、シスター・キャスリーン・ライリー、ポール・シェパード、ウルスラ・オクレ、ライナー・ホルト、ニクラウス・ブランチェン、アマ・サミーなどがいました。私たちは毎晩のように二十六席ある禅堂を満員にしていました。さらに、坐禅のあとは山田老師やその慈しみ深い夫人とともに、ベートーヴェンのレコードや、音楽好きの老師が買ってこられた新しいレコードを聴きながら、皆でお茶をいただいたものです。

山田老師と、イエズス会士でありピアニストでもある私の友人ローレンス・マクガレルのおかげで、私はささやかながらヴァイオリン奏者としての仕事に戻っただけでなく、たくさんの人々とわかち合い助け合うことを通じて、音楽が私の魂の旅にとっていかに欠かせないものであるかを知りました。生命および生はまさに「流れ」です。それまでと変わるものは何もありませんが、経験世界は刻々と変化します。不易なるもの、永遠なるものは「流れ」と一つになることでここに成就しました。かつて哲学が約束したとおりです。私は偉大な山田老師の恵みにいつも感謝していましたが、坐禅仲間との豊かな交流にも大きく影響されたのです。精神の高揚とその反動は次第に静まり、生活はもとの平常さに戻りましたが、イエスや歴史上の偉大な霊性の指導者たちが私をけっして欺かなかったという確かな事実を忘れることはありませんでした。

本章のはじめの疑問に戻りましょう。私はなぜ禅を選んだのでしょうか？　私は自分自身が禅を選んだとは思っていません。むしろ禅が私を選んだのです。では、その道筋には踏み段や道しるべがあったのでしょうか？　いいえ、本章で述べたできごとのすべてがたがいに関連し、「真の自己を知る」瞬間に導いてくれたのだと私は思います。

最後に「祈り」という言葉について一言触れておきましょう。この分野の日本語を習得するのは外国人にとって難しいことですが、どの禅の指導者にたずねてみても「禅の瞑想と祈りは違う」と断言するでしょう。私はこの違いを自分なりに呑みこんでしまいました。私は「祈り」という言葉を、魂、理性、記憶、感情、想像などの力によって神と結びつくあらゆる場合に用います。

これらすべてを静めて呼吸に集中し、同時に身体も静めることが瞑想の始まりです。静寂の力こそ神が東洋に与えた恵みだと私は思います。その静寂のうちに私たちは神の力を体験し、神をしてふたたびこの地上に住まわせることができるのです。これがポール・ド・ヤーガーの本に書かれていたことのすべてだと、今にして私には思われるのです。本書もまた、それを私なりの言葉で述べたものです。しかし、山田老師の言葉ほどそのことを力強く表現したものはありません。

「祈りとは、光のうちに坐る光です」。

おわりに　現代の霊性

一九七六年、私は宣教者としてフィリピンのレイテ島に派遣されました。そこはとても貧しい農民や漁民の住む島でした。国全体が強欲なマルコス一族の圧政下におかれ、島民の生活状況は想像を絶するほど悲惨でした。小作農は搾取にあえぎ、子どもは飢えていました。彼らが毎年十分な食糧を得られるようにと考え、私はバイオダイナミック農法[六七]を学ぶことにしました。

この新しい農法は農業改良の長い歴史のすえに現われたもので、その指導者であるニカノル・ペルラスは「アレーテイア」（ギリシャ語で「真理」の意味）という言葉をよく使いました。つまり、彼によればこの農法は「神託によってもたらされる真理」であり、長年にわたって徐々に成就されるものなのです。

バイオダイナミック農法の勉強は、すぐれた耕作法を探すにはさまざまな手立てがあること、農耕法は時代とともに移り変わることを私に教えました。二十年前は化学肥料を使う農業がまるで奇跡のようにもてはやされました。ところが、環境に対する悪影響が問題視されはじめると有機農法がそれにとってかわりました。これは地球とその環境に調和した農法でした。今日ではバイオダイナミック農法がこの分野における最後の切り札になると考えられています。この農法が、フィリピン北部の山岳民族の伝統的な農耕法とほとんど同じであったのは興味深いことでした。彼らは何百年にもわたって、自然が宿す生命の力、土に宿る霊ともいえるものを知っていたのです。海と同じように、大地もまた出会いの場であることを私は学びました。

一九九四年、フリッチョフ・カプラ*がロンドンのセント・ジェームズ教会で行なった「物理学におけるアレーテイア」という講演を聞きました。彼の専門は素粒子論ですが、科学の分野における歴史的発見をいくつも挙げながら、つぎのように述べました。「物理学が力学モデルから脱却したのはけっして間違いではありません。結果として、新たな認識や新たな知識がもたらされることになりました」。カーテンが少し引き上げられ、隠されていた真理がより明らかになることで、物理学は未知の次元へと展開し、ある種の粒子はそれまでに考えられていたような物質ではなく、エネルギーであると認められるようになったのです。これが正しいとすれば、物質にも霊が宿ると考えてもよいのではないでしょうか。

マルティン・ハイデッガー*によれば、「アレーテイア」とは真実を明らかにすることです。真実の顕現はあらゆる被造物の生命のエネルギーによるものであり、これこそ霊の働きにほかならないと私は思います。このような働きを、私は「生命化(lifing)」と呼んでいます。

それはちょうど、布に覆われた巨大な彫像からその布が徐々に取りはらわれ、全体像が一度にではなく、ほんの小部分ずつ明らかになっていくプロセスに似ています。昨日、明らかになった部分が不完全だったからといって非難してはいけません。今日判明する部分も不完全だからです。ところが、歴史上のある時点で予想外の急転回が起きることもあります。つまり、劇的な変化が生じて、それまでとは違った新しい世界観、あるいは新しいパラダイムが突如出現するのです。現代の私たちは、このような劇的変化の証人であるとよく言われます。政治や倫理、家庭生活といった既存の社会構造の終焉に私たちは立ち会っているようです。さらに深刻なことに、人類が千年以上の長きにわたって親しんできた「宗教」というものが、終焉を、あるいは新たな始まりを迎えようとしているのです。

現代の霊性や私たちが直面している巨大なパラダイムの変化に心を寄せる人は、「流れ（flow）」の一部となる覚悟をもたなければなりません。これは、大胆な挑戦です。私が仏教の瞑想を始めようと決心したときが、ちょうどそうでした。自分がどこに向かっているのか、まったく解っていなかったのです。

カプラ博士の講演会で質疑応答が行なわれたとき、一人の女性が遠慮がちに切りだしました。「私はとても混乱していて、自分がなぜ悩んでいるのかさえうまく言い表わせないのですが……」。カプラは即座にこう答えました。「ご心配なく。私たち全員が変化のプロセスの最中《さなか》にあり、その意味で誰もが混乱しています。先がはっきりと見えないからです。ですから、あなたがおっしゃりたいことを、その感じだけでも教えてください。そうすれば、私たちの多くがすぐに解るでしょう。本当ですよ」。

この発言に賛同しない人は、西洋における禅の将来についても懐疑的なことでしょう。なぜなら、禅を行なう私たちも新参者であり、しばしば混乱し、何週間も暗中模索をつづけることがあるからです。

私は禅の指導者として印可証明されたにもかかわらず、仏教徒にはなりませんでした。私は神学者でもありませんから、自分の体験を神学的に説明しようとは思いません。しかし私はクリスチャンであり、クリスチャンの霊性をそなえています。そして、この霊性は禅を修行することによって高められました。禅は宗教的体験の一つであるということを、私は本書のなかで繰り返し述べてきました。神を「不可知なもの」という否定語で呼んでもいますが、許されることだと考えています。なぜなら、これは記号論的な問題であり、神の価値に関わるものではないからです。

本書のはじめで、「仏教とキリスト教の出会いは、二十世紀におけるもっとも重要な出来事の一つである」という歴史学者アーノルド・トインビーの言葉について触れました。余談ですが、この有名な言葉の出典を正確に知る人に私はまだ会ったことはありません。しかし、彼の著作のなかにその思想を確かめることはできます。今や私たちは二十世紀という特殊な世紀の終わりに近づきつつあり、〔六八〕仏教とキリスト教がすでに出会ったこと、そして数々の結果をもたらしたことを知っています。

二十世紀の後半、多くのクリスチャンが、とくに第二ヴァチカン公会議以降は多くのカトリック教徒がはるばる日本に渡り、日本語を習い、真の指導者を探し、禅とよばれる仏教の瞑想を長年にわたり実践して、宗教的体験へと導かれました。私自身、もう三十五年近く禅を修行しています。これから私自身の経験をお話ししますが、それは多くの西洋人の仲間たちに支えられたものでもありました。こうした経験のすべてが私の「霊的生活（スピリチュアリティ）」であると考えています。

私は一九六一年に日本へ派遣され、やがて宗教間の対話にたずさわることになりました。しかし、三十五年経った今振りかえってみると、言葉の壁もあって、当初はクリスチャン以外の日本人と対話をする必要性などまったく認めていなかったように思います。そのころのクリスチャンと仏教徒とのあいだには、相互交流や学術のレベルを超えての対話はありませんでした。それが第二ヴァチカン公会議以前の「アレーテイア」でした。それぞれがそれぞれの道を行くだけだったのです。

まもなく私は仏教の尼僧たちと出会い、彼女たちに心惹かれ、何らかの交流をしたいと思い、さらには禅を始めようと決心するに至りました。しかし、宣教者としての対話はもっぱらクリスチャンとだけ行ない、これもやがて行きづまってしまいました。議論すべきテーマがなかったからです。私たちのあいだには教義や秘蹟についての論争は存在しえませんでした。ほどなく私たちの修道会は社会的な活動を通じて一般の日本人と交流することにしました。それは一九六〇―七〇年代のクリスチャンが好んだ、時代に即した選択肢だったからです。

次第にヴァチカン公会議から良い知らせがもたらされるようになり、私たち宣教者は変革を迫られました。もはや「彼らの霊性」と「我らの霊性」の区別はなくなったのです。この新たな自由がどのようなものであったかを理解するためには、一九六〇年代後半の、第二ヴァチカン公会議によって興奮冷めやらぬ私たちの姿を想像してみてください。公会議は一九六五年に終わりましたが、実際にその教義が浸透し、実行に移されるまでには三、四年かかりました。公会議でなされた宣言は、仏教徒たちと親しく交流していた私たちにとってはすでに実践済みのことでしたから、日本でその恩恵に浴した数少ない宣教者の一人が私だったのです。たしかに「万人を照らす真理の光明」が仏教にはあったのです。そして私はその光を見つけたのです。

しかし、ヴァチカンからの知らせに必ずしも皆が胸おどらせたわけではありません。私たちの聖母宣教者修道会は海外伝道を使命としているのに、その修道女のほとんどが他宗教に対するカトリック教会の新しい方針に心を動かされませんでした。私には、仏教徒と対話し仏教から学ぶべきであるということは、正真正銘の転換のように思われました。しかし、このような知らせが大きな意味をもつ人々もいれば、まったくそうでない人々もいるようでした。今この時点で考えてみると、禅というものはおそらく特定の気質の人々にだけ訴えかけるのかもしれません。また宣教活動に関していえば、私が属していた教区の日本人クリスチャンの多くが、私が仏教寺院で過ごすことに反発していました。まったく無関心な人々もいて、喜んでくれた人はごくわずかでした。

現在、私はイギリスにおいても同じような状況に直面しています。私はプリズン・フェニックス・トラストのために働いており、受刑囚を対象に瞑想のワークショップを行なっていますが、刑務所の牧師や役人の多くは、ヨーガや瞑想という修練がもつ精神的価値を理解していません。無関心な人も多く、熱心な人はごく少数です。

同時に、仏教徒とクリスチャン双方からの反発もあります。仏教徒の場合はテリトリーの侵害ととらえて憤慨するか、「非仏教徒が仏教の教義を受け入れないまま坐禅できるわけがない」と思うようです。ここで興味深いことは、こうした問題に直面している三宝教団の指導者たちが、「禅は宗教、国籍、文化、性別を超えるものである」と明言していることです。静寂を志向する心にとって、対立などありえないのではないでしょうか。

クリスチャンの場合は、クリスチャンが仏教の瞑想を行ないながら、どうしてクリスチャンのままでいられるのか、それが解らないようです。彼らがこうした疑問をいだくのは無理もありません。なぜなら、クリスチャンの瞑想はキリストを対象とするのが普通だからです。「禅という瞑想は対象をもたないからだ」と言うのは、あまりにも安易な答えに聞こえるかもしれません。しかし、それこそが疑問に対する答えなのです。禅は自我を静めますが、それは私たち自身が行なうのではなく、私たちは身をまかせるだけなのです。

では、クリスチャンにとって霊的生活(スピリチュアリティ)とはいったい何なのでしょうか？イエズス会士である私の友人の言葉を借りると、「クリスチャンにとって霊的生活とは聖霊、すなわち神の息吹と調和した生にほかならず、われわれの全存在を神という動的な存在にゆだねることです。瞑想する際に呼吸を意識するのは、心を一点に集中するための訓練であるばかりでなく、今、ここにおいてわれわれの全存在を放棄し、神の息吹と一体になるためです」と表現されます。

禅仏教と呼ばれる一仏教宗派の問題についても、ここで触れておくほうがよいでしょう。クリスチャンであるか仏教徒であるかに関係なく、私の友人の多くが「禅仏教は仏教ではない。だから、クリスチャンもクリスチャンのままで禅仏教徒になることができる」と言っています。しかし、これはいささか理想論的な解釈といえるでしょう。歴史的にみると、禅は中国で生まれ、仏陀が志向した純粋な原点に立ち戻ろうというラジカルな運動でした。山田耕雲老師は「仏陀は新しい宗教を創ろうとしたのではありません」とよく言われました。単純化しすぎることを承知の上であえて要約すると、仏陀はつぎのように教えたのでした。「物事のあるがままを理解するためには、人は悟りを体験しなければならない」。その結果、こうした体験の光に導かれて、私たちはどう生きるべきかを学びます。

いずれにせよ、また禅仏教の開祖たちがどのように考えていたとしても、現在の禅仏教は一つの宗教であり、安谷白雲老師の言葉を借りれば「言葉で書き記すことができる」宗教であるというのが現実です。悟りを体験しなくても禅仏教徒になれるだけでなく、日本の禅仏教徒のほとんどが瞑想をせず、悟りを得るための努力もしていません。

一九九四年ロンドンで行なわれたキリスト教の大会で、ダライ・ラマ十四世がクリスチャンのための瞑想集会に参加したときのことです。彼は注意深く、また力強く、つぎのように述べました。「カトリックは一つの宗教であり、仏教はまた別の宗教です。けっしてこれらを混ぜ合わせてはいけません」。彼の図式的表現を借りれば、「仏・キリスト教徒」と自称する人たちは、「羊の胴体にヤクの頭を接《つな》ごうとしている」ことになります。

一カトリック教徒である私は、禅仏教の二人の師家のもとで禅を修行しました。彼らは人々が悟りを体験してものごとのあるがままを観照し、その体験の光によって現実を生きていくように導かれた方々でした。最初の師家は、京都洛北の臨済宗尼寺、圓光寺の深貝義忠老師でした。禅はつぎのように言うこともできます。

経文ではなく、師匠から直接に伝授する（教外別伝《きょうげべつでん》）
言葉や文字を超えたものである（不立文字《ふりゅうもんじ》）
心にむかって直接働きかける（直指《じきし》人心《にんしん》）
自己の本性を見抜いて、仏を実現する（見性成仏《けんしょうじょうぶつ》）

深貝老師は真の臨済宗徒でした。しかし、人を教えることがあまり得意ではなく、圓光寺住職であった二十三年間に、一人の尼僧も見性とそれに続く公案の学習に導くことができませんでした。そのため、一九八五年に老師が亡くなると、この寺院は臨済宗の男僧に引きつがれ、今では観光名所として知られています。人生でしばしば起こる運命の気まぐれによって、この臨済宗最後の女性老師の「笏《こつ》」〔六九〕(老師が儀式の際に用いる棒)は、寺院の尼僧たちの手によって、かつての弟子であり今では禅を教えるカナダ人のカトリック修道女、つまり日本人でも仏教徒でもない私に与えられたのです。

もう一人の師家、山田耕雲老師は僧籍をもたない在家の人で、第一高等学校と東京大学で学びました。彼がはじめて禅の手ほどきを受けたのは三十代後半になってからで、第二次世界大戦後、満州に抑留されていたときのことです。山頂にひらめく禅という旗をひとたび見いだすや、老師がそれを見失うことはけっしてありませんでした。禅の歴史上、偉大な師家でありながら僧籍を持たない人はほとんどいません。しかし、老師は在家であること、実業家であること、父であり祖父であることをいつも誇りにされていました。彼はたゆみない修行によってついには深い悟りに至り、新しく結成された禅仏教の一会派「三宝教団」の管長に選ばれたのです。三宝教団を真に基礎づけたのは原田祖岳老師で、ラサール神父の師であった方です。原田老師は臨済禅と曹洞禅がともに廃れつつあると見てとり、両者の長所を取り入れて三宝教団への道をととのえました。

山田耕雲老師は西洋文化とその母体となった宗教、つまりキリスト教を心から尊敬しておられました。老師はクリスチャンの弟子たちがキリスト教を実践しながら、少しずつ真の禅を魂の宝物庫に納めていくことを熱望されていたのです。

本書の目的は宗教としての仏教を論じるのではなく、仏教における神秘主義であると私が考える禅について、ほかの神秘主義思想にも触れながら述べることにあります。また、倫理の問題も忘れてはなりません。なぜなら、禅を修行しても、これを生活のなかに生かさなければ意味がないからです。禅の倫理というのは「正しい」か「正しくない」かではなく、「適切である」ことを旨とするものです。禅の師家のもとで坐禅を行なうことは、私の倫理観に触れるものではまったくなく、むしろそれを高めてくれるものでした。

二十世紀の後半、禅の修行は一般的になりました。今では世界中に禅センターがあります。そして、非現実的な自己変革を夢みる人たちが「禅堂」と称する場所に集まってきます。その結果、善意はあっても禅の知識に乏しい人がグループを指導しているケースがあります。一方で、このような指導者が力を利用して信者の生活、とりわけ傷つきやすい信者を堕落させるという事態も起こっています。よく言われることですが、霊的生活の分野における傲慢に勝る傲慢はありません。霊的指導というものは権力が乱用されやすい土壌であり、とくに師弟間に性的不始末の起こりやすい場でもあります。

真正の禅指導者ではなく、その教えは多少まがいものであっても、接心(禅修養会)を行ない、坐禅や健康食、ヨーガのアーサナ(体位法)などのプログラムを提供している指導者もいます。疑いもなく、多くの成果をもたらしてくれるでしょう。しかし、「私は誰なのか?」という問いに対する答えに、はたして到達できるのでしょうか。

イギリスへ来てから、私は上座部仏教の団体をますます意識するようになりました。長期的な傾向であるのかどうかはわかりませんが、今のところイギリスではその寺院の数が飛躍的に増えつつあります。また、百年にもわたって栄えているその他の仏教団体もあります。数年前にはロンドンの中心部に臨済宗の禅堂ができ、理想的な立地条件を生かして、提唱と独参を含む坐禅を定期的に指導しています。イギリスの北東部には曹洞宗のグループもあり、日本の曹洞宗の伝統に則っているようです。しかし、このグループは多くの宗教団体と同様、修道院制度にしたがって組織され、特別な弟子や学僧にしか霊的指導を行なわないことになっています。

イギリスでも、世界中でも、チベット仏教の僧侶の数が増加しています。これは、間違いなくダライ・ラマ十四世の人望によるものでしょう。しかし、ダライ・ラマに近い人々は、彼が疑似仏教徒を許さず、仏教が誤った解釈をされないために断固たる態度をとっていると証言しています。つまり、仏像の掌《てのひら》を灰皿代わりにするような似非《えせ》指導者の存在を、ダライ・ラマは十分に意識しているのです。チベット民族がかかえる政治的問題が理由で、彼らは若い世代の教育のために巨額の資金集めを迫られています。教育は彼らの文化的伝統なのです。このために、チベット仏教はその本来のあり方よりもいくぶん原理主義的な傾向を強めざるをえなくなりました。その他、これまでに挙げたすべての仏教グループ(臨済宗を除く)が改宗を奨励しており、そのため多くの西洋人が仏教徒になりました。

私がもっとも親しみを感じる禅仏教徒は、日本や昔の中国の禅師たちです。彼らのなかに、私は偉大な霊的指導者を数多く見いだしました。一方で、今日の日本における禅仏教の状況は絶望的ともいえます。しかし、ほとんどすべての世界宗教が似たような状況にあるのです。信者の教会離れを必死で食いとめようとするカトリック教会からは、苦悩のうめきや不協和音がしばしば聞こえてきます。英国国教会は、古い教会建築が朽ちていく一方のため、日々その申し開きに追われています。現在ほとんどの宗教や霊的生活が時代の変化という荒波にさらされているといえるでしょう。これは何も特定の宗教に偏った現象ではありません。ですから、他人を非難したり、あら探しをするようなことはやめましょう。二十三年前にキリスト教を離れ、チベット仏教の尼僧になったアメリカ人の友人が、数年前つぎのように率直に語ってくれたことを思い出します。「私がキリスト教を去る理由となった組織構造や抑圧、性的いやがらせはすべて仏教のなかにもありました」。しかし、彼女は年齢を重ね、より賢明になったので、仏教を去ることはしません。これは彼女がダライ・ラマに対していだく個人的な崇敬の念によるところも大きいのですが、彼女が自分自身の霊性を守りつづけて、ついには強さと希望、平和を見いだしたためではないかと私は思っています。

私自身もそうです。人々の心が煽りたてられ、同時に傷つけられがちな現代にあると、なぜ希望が最高の美徳の一つであるのかがよく解ります。希望は思いがけないところに見つかるものです。私はフィリピンのもっとも困難な時代にそこで人々とともに暮らしたのですが、私たちは内なる魂の働きによって、かえって自由であったように思います。マルコスを打倒したあの輝かしい革命に先立つ年月は、フィリピンの人々にとって希望と勇気を学ぶための時でした。そして、これらを生みだしたのが苦悩と貧困だったのです。このことをルーベン・アビトは禅的な言いまわしで「ゼロ地点に至る」と表現しました。フィリピンの人々は自分たちにできることをすべてやり遂げました。今や事態は彼らの次元を超えたところにあります。彼らは自我を超越したのです。

私は今、刑務所で瞑想を教えることに大きな希望を見いだしています。多くの受刑囚が彼らの「ゼロ地点」に至り、そこで魂の自由を追求することによって、彼らの世界は一変しました。刑務所での監禁生活というものはさまざまな憶測を呼ぶでしょうが、ある終身刑囚は私たちに宛てた手紙のなかでつぎのように書きました。「刑務所のなかに人間としての自由があるということを、この世の誰が想像できるでしょうか?」英知とは不安や苦しみにもかかわらず、いや、不安や苦しみのなかからこそ湧きでてくるものです。

私がこの本を書いているあいだに、近くの刑務所で二十五歳の受刑囚が自らの意思で死のうとしています。彼は手のつけられない息子、残酷な夫、わが子を虐待する父親で、殺人と強姦の罪を犯していました。判決後、彼は助けを求めてその要求を容れられ、ついには自分が犯した罪のすべてを償いたいと考えるようになったのです。彼は断食して死のうとしています。彼は刑務所病院のスタッフに対する裁判所の差し止め命令をかちとり、彼自身が要求しない限り医療スタッフは彼に触れることができません。今彼は平安に満たされています。

シスター、あなたの言ったことは正しかった！　あなたは「もうだめだと感じたときこそ、ものごとが新しく、良い方向へ向かいはじめるときです」と言いましたね。私はシスターの瞑想の本をもらいました。（中略）私は毎日何かを学んでいます。

私は治療刑務所で週一回、瞑想を教えています。「治療についてどう思いますか？」とよく聞かれますが、ホリスティック（全人的）な見地にもとづいて行なわれる限り、私は治療のプロセスが持つ価値を信じるようになりました。三十六人の受刑囚を治療するためには、霊性という要素も不可欠です。私の生徒の一人は調理師で、私たちはよく「ある種の食べ物が安らぎを与えてくれる」ということを話します。彼は二歳のときに母親が自殺し、四歳のときアルコール中毒の父親に家から追いだされ、十四歳で強盗犯として有罪判決を受けました。刑務所に収監されるとつねに反抗的な態度をとり、たびたび看守に——一度は刑務所長にも——暴力をふるって、規律違反を重ねました。四年間に十五回も刑務所をたらいまわしにされ、それでも卑劣な反抗を続けましたが、ある日彼と同室の受刑囚が首を吊って自殺したのです。その後まもなく、彼は「更生したい」と書いた手紙を送ってきました。このことによって事態は新たな方向に展開しました。彼はイギリスで唯一の治療刑務所であるグレンドン刑務所[七〇]へ移送され、ついに求めていた助けを得られるようになりました。

刑務所生活のプレッシャーは大きいですが、そのほとんどは自分自身が作り出しているものです。以前はそのことが判っていませんでした。今では瞑想の時間を心から楽しみにしています。

ホリスティックなアプローチについて言えば、これはあらゆる方面にわたって適用されるべきだと思います。私はたまたま加害者のために働いていますが、犯罪被害者のために働く人々とも連携をとっています。全人的な癒しのためには、加害者と被害者(あるいは被害者の家族)の関係を築く必要があるからです。さらに、司法にたずさわる人々がいます。裁判官は法の番人ですが、判決は犯罪の性質ばかりでなく、その理由によっても左右されます。ですから、ある裁判官に「裁判官のための瞑想セミナーを開いてほしい」と頼まれたとき、意外なことだとは思いませんでした。もう一人の受刑囚はつぎのように書いてきました。

以前は何の希望もないように思えた状況が、今では私の魂の成長にとって祝福となりました。私はここでの生活が楽しくなりました。(中略)瞑想とヨーガを行なうには、ここは完璧な環境です。

このような理由から、瞑想が受刑囚を助けるためにふさわしい手立てであると言えるのです。

瞑想は心のなかの障壁を少しずつ取りのぞき、同時に魂の火花を発火させせて、生を自由にしてくれます。瞑想は治療的に働くだけでなく、聖なるものに至る道でもあります。私が昨年中に受け取った手紙のなかで、二十二歳の若い受刑囚が書いたつぎの手紙ほど私の心を動かしたものはありません。

思い出せるかぎり、私の心にはいつも痛みがありました。どうしてもその痛みから逃れられず、痛みが違った場所や身体のどこかへ移るようにと、自分に火をつけたり傷つけたりしたこともありました。たまたま先月プリズン・フェニックス・トラストのニュースレターを見たとき、瞑想に関する記事が目にとまって、それが何だかまったく知らなかったのですが、手紙を書いてシスターの本を送ってもらいました。そして、朝晩三十分の瞑想を始めてわずか四日で、生まれてはじめて、私のなかに小さな火花が見えるようになりました。とても素敵な火花です。このことをぜひシスターにお知らせしたかったのです。

魂のうちなる小さな火花。これこそ私たちすべてを招く遠い山頂の旗であり、私たちすべての憧憬の源です。イギリスにやって来た今、私はどこに「それ(It)」を見いだすことができるのでしょうか？　刑務所のなかだけでなく、英国式庭園のひっそりとした片すみ、教会や礼拝堂、水辺でそよぐ柳のなかに、春には土色の畝に、秋には黄金色の実りのなかに、スコットランドの広大な山野に、優美な詩文のなかに、きっと「それ」はあるのでしょう。先日、エセックスに住む私の友人がハーバートの「祈り」[七二]の写しを送ってくれました。ここにも「それ」があります。

教会の宴《うたげ》
天使の年齢《とし》
巡礼者の心
罪びとの塔
天にのぼる雷
キリストを貫きし槍

神秘的な洞察を表現するためには、自然にたとえることが最上の方法です。山田耕雲老師のもとで行なった正式学習の最後に、教科書の終わりにある一節について老師はつぎのように質問されました。「『一体三宝』(三宝が一体であること)とは結局のところ何でしょうか?」私は道元の有名な言葉を引用しました。この言葉は、時とともに少しずつ私自身のものになりつつあります。

明らかに知りぬ
心とは山河大地なり

日月星辰なり

そして、大いなる歓びに満たされて、さらに私は道元の言葉に似たキリスト教の詩句、十字架のヨハネの一節を引用しました。

私が愛するもの、それは山々
森深い寂しげな谷
名も知らぬ島
とどろき流れる川
風そよがす愛の口笛

付録1　インタビュー

このインタビューは、一九九二年三月にシンガポールのチベット・アミタバ・仏教センターで、シスター・イレーヌ・マキネスと百人近い若者たちの間で行なわれたものです。司会の仏教尼僧がまずシスターを若者たちに紹介し、続いて「今日ここに集まった皆さんのために、シスターがこれまで歩んでこられた人生をお話しください」と依頼しました。

シスター・イレーヌ　私の人生についてお話しするとしたら、重要な点は、どのような環境で私の今日の霊性が養われてきたかということだと思います。その他の点については、質疑応答の際にお答えすることにしましょう。話を始める前に、皆さんに二つ質問があります。皆さんのなかで、クリスチャンの方はどれくらいいらっしゃいますか？（聴衆の三分の二以上が手を挙げる）では、仏教徒の方はどれくらいいらっしゃいますか？（ほぼ同数が笑いながら手を挙げる）そうですか、私たちには共通点がたくさんあるのですね。

いつもかならず最初にお話しすることですが、私は海のそばで生まれました。このことには、単なる場所以上の意味があります。また、私は宗教の価値を疑ったことはありません。私が子どものころは、まだカトリック教会は温かく、安心できる場所でした。近所の教会には物知りの大人たちがたくさんいたので、好奇心が強く、熱しやすい子どもだった私は、そこで霊的に成長したのです。その後、私は音楽の道を選び、このことによって私の魂はさらに研ぎ澄まされました。そして、私は海外へ渡り、それぞれに異なる豊かな文化をもつ人々とともに暮らしました。ちょうど第二ヴァチカン公会議宣言が発布されたころのことです。

——どこで最初に禅のことを知ったのか、教えていただけますか?

はじめて聞いたのは、京都の町並みを見下ろす比叡山頂にある、美しい釈迦堂でのことでした。その後、仏教の尼僧から禅を学び、彼女たちと一緒に数年間坐禅の修行をしました。

——禅とは何ですか?

それはいちばん難しい質問ですね。今夜ここに集まった私たちは皆、求道者であるわけですから、「禅とは一瞬一瞬を味わい尽くすことである」とお答えしたいです。つまり、禅とは「タオ(Tao)」、東洋でいう「道」なのです。座布団の上では、禅は決められた姿勢で坐り、ひたすら呼吸に意識を集中することを意味します。座布団を離れているときは、仏教徒が言うように、禅は「自己の存在」を、つまり「いま、ここ」を意識することです。できれば、「存在」という言葉を、「充電された状態」というふうにイメージしていただきたいのです。そのほうが、魂あるいは霊性とは何かということを理解しやすいのではないかと思います。

——「見性《けんしょう》」とは何ですか？

直訳すれば、見性とは「自分の本性を見ること」です。私がさきほど述べたことに沿って説明すれば、見性とは充電状態を体験することです。見性の深さにはさまざまな程度がありますが、これまで長年、禅を指導してきた経験から申し上げると、私たちはそれぞれ固有の見性を体験するものです。

——見性に至ったかどうかは、どのようにしてわかるのですか？

ごめんなさい。見性を確認するプロセスは、部外者にはお話しできない奥義《おうぎ》なのです。

——ご自分の見性体験を人に説明されたとき、クリスチャンであるシスターは仏教徒とは違った言葉で説明されましたか？

ノーでもあり、イエスでもあります。山田耕雲老師のもとには世界中からさまざまな宗教の弟子が集まっていましたので、私たちが直面する現実を表現するために、老師はさまざまな分野の用語を用いられました。見性体験を経た後は、共通の用語を使うことが多くなったように思います。しかし、カトリックに対して深い敬意を示されていた山田老師は、禅がカトリック教会に浸透することを切に望んでおられたので、私たちカトリック教徒が一致協力して、誰にでもわかる言葉で体験を語ることを奨励されました。私たちはまだ途中の段階ですが、次第に語彙も充実しつつあり、とても美しいかたちで結晶化しそうです。しかし、禅が教会組織に十分浸透するには、あと何十年もかかりそうだと思っています。

――クリスチャンとして禅の修行をすることに何か問題があるでしょうか？

山田老師はいつも「禅は宗教ではない」と強調されていました。そして、仏教に関しては、私は無知に等しいのです。ですから、質問にお答えするとすれば、いいえ、私がクリスチャンとして禅の修行をすることには、何の問題もありませんでした。

――カトリック教会が許可してくれているということでしょうか？

アジアの司教たちは、許可するどころか、これを奨励しています。

――あなたは本当にカトリックのシスターですか？（場内爆笑）

四十年間ずっとそう思ってきました。

関係者　私はシスター・イレーヌが十一年間にわたって指導されている禅堂のメンバーです。彼女がカトリックのシスターであるかどうかをこの場で証明することはできませんが、彼女はいつも今言われた通りに話されます。

——フィリピンのカトリック教会は社会奉仕を目指していますが、日本の禅はあまりそうではないと聞いています。そうした現状で、どのようにしてフィリピンの教会に禅を浸透させようとお考えですか？

禅の道は、つねに英知と慈悲を兼ね具えています。この点で、昔の日本の禅僧たちは、学校や病院を建て、道路を作るなどして、慈悲の心を実践していたのです。現代においては、私の師である山田老師は、毎日三時間かけて東京まで往復して、昼間は病院で仕事をされ、晩は鎌倉の禅堂で私たちに独参を行なわれました。また、私は文化の違いもあると思っています。フィリピンの人々が社会奉仕に熱心にならざるをえなかったのは、政治的状況も関係しています。

——禅の修行が進んでいることは、どうやってわかるのでしょうか？

一つは魔境の出現です。潜在意識のイメージが、ときどき意識の表面に浮かび上がってくるのです。わけもなく涙が溢れて止まらないこともあります。また、坐禅中の修行者の姿勢を見ることで、その人が意識の深い領域へ進んで行っていることがわかります。

——体から光が出るのですか？

いいえ、禅ではそれはありません。

——禅に特有な知覚体験とはどのようなものでしょうか？

ほんの一瞬、不完全なかたちではあるのですが、私たちは真理を垣間見るのです。つまり、すべての現象は空であり、自と他は不可分であるという真理です。しかし、自分が消え去らない限り、このようなことは起きません。鎌倉の禅堂の指導役の方が、「すばらしいことは、自分が消え去ったときに起きるのです」と言われたことを覚えています。

——クリスチャンとして、シスターは人格としての神を信じておられますか？

はい、私は神が人格であると信じています。しかし、最近では「信じる」という言葉に異論が多いので、「私は人格としての神を体験したことがある」と言い換えたほうがよいかもしれません。

——しかし、見性という神秘体験は、人格としての神に由来するものではないと思うのですが、あなたの見性体験はそうであったと思われますか？

見性とは、神の力を体験することだと言えるでしょう。ですから、たしかに、人格とは無関係です。

――そのことは、シスターにとって問題ではありませんか？

とくに問題ではありません。現代に生きる私たちは、すでにパラダイムの変化を経験しましたが、これによって私たちの発想法も「これかあれか」という二者択一的なものから、「これもあれも」という同時選択的なものへと変化しました。カトリック教会は「神は超越的であると同時に、遍在的である」と教えてきましたが、実際には神の超越性のほうが強調されていたように思います。今のほうが、私自身は霊的なバランスが取れていると感じています。

――つまり、クリスチャンであると同時に、仏教徒であることが可能なわけですね。また宗教の話に戻ってしまいましたね。

――それでは、シスターはどのような位置におられるのですか？

私はいわゆる霊性という領域にいます。私の霊性は、西洋のキリスト教と東洋の霊性が結合したものです。西洋のキリスト教は、超越的な存在である神と繋がることを教えてくれます。東洋の霊性は、世界に遍在する神と交流することを教えてくれるのです。

――キリスト教の神がもつ男性性が、抑圧的に思えることはありませんか？

ご存じのように、キリスト教の起源は、男性原理が支配的なユダヤ教です。そして、現代のこの場所で私は女性であるわけですから、性差別のない用語を用いるほうが気持ちは楽です。神は男性でも女性でもなく、その両方なのです。私はいつもこのような見地でお話ししようとつとめています。しかし、四十年にもわたって男性としての神に呼びかけてきて、突然呼び方を変えるというのも難しい話です。皆さんの興味のためにお話ししますと、私たちの修道会では古代ヘブライ語の詩篇を朗誦する際に、性差別のない用語を用いています。女性差別の問題は、私たちの関心事の一つでもあるのです。

――祈りにおける神の超越性と遍在性について、もう少し聞かせていただけますか？

被造物としての私たちは、子として慈悲深い父である神と繋がっています（これは、生態学を学ぶと解ることです）。つまり、私たちと神は関係性のなかにあり、神は「他者」でもあるわけです。ですから、私は神について考えることができますし、神を感じることができます。神のことを思い出すこともできますし、神を、言葉でも行動でも、愛することができるのです。

私が修道女になったばかりのころ、祈りの途中でその言葉や雰囲気にうんざりすることがときどきありました。そこで、黙想という、言葉も使わず感覚にも訴えない祈りの方法を教えてくれる先生を探したのです。先生が見つかったのは、私が東洋にやって来てからのことでした。しかも、東洋的な道こそ、内なる神と私たち被造物が一つになる方法であると知ったことは、うれしい驚きでした。神と一体化するのですから、私たちは神と繋がるのではなく、交わるのです。これは私にとって、「神か私か」ではなく、「神であり私である」ことを意味しています。私はこのことにとても感謝しています。

――キリスト教の神秘主義者たちは、見性を体験したのでしょうか？

何人かの神秘主義者たちの言葉を読んでみますと、彼らも見性と同様の体験をしたと思われます。たとえば、十字架のヨハネ、マイスター・エックハルト、タウラーなどです。クリスチャンの方々に私がよく話すことですが、十字架のヨハネがしばしば用いるnadaという言葉、スペイン語で「無」にあたる言葉の意味を、私は仏教徒から教わったのです。

――仏教徒は人格としての神を追求していると思われますか？

柴山全慶老師は著書『花は語らず』のなかで、「日本人が仏様と言ったとき、これはキリスト教の神に非常に近い仏陀を意味します」と書いておられます。しかし、先ほども申し上げたように、私は仏教学者ではありませんから、これ以上のことはわかりません。キリスト教との融合を目指す仏教徒が書いた論文を一つか二つ読んだことがありますが、難しくてよく理解できませんでした。

——あなたはどのような人々に改宗を勧めているのですか？

私は改宗を勧めません。伝統的に禅は布教活動を行ないません。もし誰かにたずねられたら、私は自分の経験にもとづいて答えるだけです。また、私は弟子を募集することもしません。坐禅を学びたい人、坐禅を体験したい人だけに禅を教えます。私も含めて鎌倉の三宝教団で学んだ指導者たちは、禅に手を加えるようなことはせず、師から学んだことをそのまま教えています。これは私にとってもっとも重要なことです。グループのなかで、自らの出身文化圏とは異なる人々に教えているのはおそらく私だけなので、教えの根本に忠実で、独断に陥らないように心がけねばなりません。そうしないと、私は弟子を連れてカナダ中を旅してまわることになるでしょう。

——シスターは「道」についてばかり話されて「終点」について話されないのはなぜですか？

今現在が私のすべてだからです。禅とはつねにこの一瞬一瞬を味わい尽くすことであると定義した理由が、だいぶ解っていただけたのではないでしょうか。

——死後はどこに行くと思われますか？

この話が終わったら、僧伽の皆さんが応接室でお茶をごちそうしてくれることになっています

ので、そちらにまいります。（長い拍手が続く）

——坐禅は心の塵《ちり》を拭い去ってくれますか？

はい、その通りです。私たちは皆、かなりたくさんのゴミを抱えています。そして、私が知るかぎり、禅はこれを取り除いてくれる唯一の方法です。少なくとも、重荷を軽くしてくれます。変化することも、私たちの本質なのです。さて、山田耕雲老師についてはたびたびお話ししたので、最後に老師夫人に触れたいと思います。老師を陰に日向《ひなた》に支えた方です。彼女は、昔から今に至るまで私たち全員にとっての母親です。また、物まねがとても上手な方です。私たちがはじめて老師を訪問したときから観察されていて、私たちの成長の過程をよく覚えておられます。祝賀会のたびに、私たちがひよっ子だったころのエピソードを披露されるのが恒例となっています。

——今日話されたことを一言にすれば？——

お腹が空いたら、食べます。
疲れたら、眠ります。
今日は長い一日でした。
それでは、これで終わります。
皆さん、お休みなさい。

付録2　詠　歌

三宝教団のオックスフォード禅センターではさまざまな詠歌を採り入れ、用いています。そのなかから次の二つをご紹介しましょう。

一、提唱のまえ

先導者　神の知恵の御言葉《みことば》〔七二〕。
僧伽《そうぎゃ》　主《しゅ》は、その道の初めにわたしを造られた。
いにしえの御業《みわざ》になお、先立って。
永遠の昔、わたしは祝別《しゅくべつ》〔七三〕されていた。
太初《たいしょ》、大地に先立って。
わたしは生み出されていた
深淵《しんえん》も水のみなぎる源《みなもと》も、まだ存在しないとき。
山々の基《もとい》も据えられてはおらず、丘もなかったが
わたしは生み出されていた。
大地も野も、地上の最初の塵《ちり》も

まだ造られていなかった。
わたしはそこにいた
主が天をその位置に備え
深淵の面《おもて》に輪を描いて境界とされたとき
主が上から雲に力をもたせ
深淵の源に勢いを与えられたとき
この原始の海に境界を定め
水が岸を越えないようにし
大地の基《もとい》を定められたとき。
御《み》もとにあって、わたしは巧みな者となり
日々、主を楽しませる者となって
絶えず主の御前《みまえ》で楽《がく》を奏し
主の造られたこの地上の人々と共に楽を奏し
人の子らと共に楽しむ。

二、提唱のあと

先導者　白隠《はくいん》禅師の『坐《ざ》禅《ぜん》和《わ》讃《さん》』。

僧伽　衆生《しゅじょう》〔七四〕本来仏なり　水と氷のごとくにて
水を離れて氷なく　衆生のほかに仏なし
衆生近きを知らずして　遠く求むるはかなさよ
たとえば水のなかに居て　渇《かつ》を叫ぶがごとくなり
長者の家の子となりて　貧里《ひんり》に迷うに異ならず
六趣輪廻《ろくしゅりんね》〔七五〕の因縁は　おのれが愚痴《ぐち》の闇路《やみじ》なり
闇路に闇路を踏み添えて　いつか生死《しょうじ》を離るべき
それ摩訶衍《まかえん》〔七六〕の禅定《ぜんじょう》〔七七〕は　称歎するにあまりあり
布施や持戒の諸波羅蜜《はらみつ》〔七八〕　念仏懺悔修行等
その品《しな》多き諸善行《ぜんぎょう》　皆このなかに帰するなり
一坐の功をなす人も　積みし無量の罪滅ぶ
悪趣何処《いずく》にありぬべき　浄土すなわち遠からず
かたじけなくもこの法《のり》を　ひとたび耳に触るるとき
讃歎随喜《さんたんずいき》する人は　福を得ることかぎりなし

いわんやみずから回向《えこう》して
直《じき》に自性《じしょう》を証すれば
自性すなわち無性にて　すでに戯論《けろん》〔七九〕を離れたり
因果一如《いちにょ》〔八〇〕の門開け　無二無三の道直《なお》し
無相の相を相として　往くも帰るも他所《よそ》ならず
無念の念を念として　歌うも舞うも法《のり》の声
三昧無礙《ざんまいむげ》〔八一〕の空広く
四《し》智円明《ちえんみょう》〔八二〕の月冴《さ》えん
このとき何をか求むべき　寂滅《じゃくめつ》〔八三〕現前するゆえに
当処《とうしょ》すなわち蓮華《れんげ》国《こく》　この身すなわち仏なり

謝　辞

プリズン・フェニックス・トラストの理事の皆様に感謝の意を表します。原稿を増補し、出版に向けて準備する段階で、彼らは私を励まし作業のための時間を提供してくれました。トラストのスタッフであるサンディ・チャブ、コリーン・クライン、ニック・デイズリーは原稿を丹念にチェックし、適切なアドバイスをしてくれました。彼らにはとくに感謝しています。

本書の執筆にあたって私を助けてくださった方々の名前は、もちろん今でも忘れてはいませんが、ここですべてを挙げることはできません。しかし、あたたかいアドバイスと惜しみないサポートをしてくれたフーゴー・ブルンナー、電話一本で必要な情報を提供してくれたルーベン・アビト、編集者やアシスタントとして以上の働きをしてくれたハーパー・コリンズ社のジャイルズ・センパーとロザムンド・ウェバーに対しては、ここで彼らの名前を挙げて、感謝の念を表したいと思います。

晩秋をむかえた窓の外では木々が色づきを深め、私が本書で伝えたかったことをまさに体現しているようです。今この美しい世界の英知を伝えてくれる自然に心から感謝します。

プリズン・フェニックス・トラストについて

私は何かを売ろうとか、宣伝しようとしているわけではありません。もしあなたが人生を変えたいと思うなら、それを実現する方法があります。このことを私はお伝えしたいのです。

――プリズン・フェニックス・トラストのカウンセラーの手紙

プリズン・フェニックス・トラストは一九八八年に設立されました。その目的は、受刑囚を援助することによって、「刑務所にいることは、真に人生を変えるための貴重な機会である」という事実を彼らに理解してもらうことです。私たちは、受刑囚がただ刑期を終えるだけでなく、彼らが真の自己を発見し、自分の行動に責任がもてるようになることを目ざしています。こうした活動の基本をなすのは、「どれほど不安で、なすすべを失っていても、信仰をもっていてもいなくても、私たちすべての内部には霊的な存在が宿っている」という信念です。

そのような霊的な存在に気づいてもらうために、私たちは何世紀にもわたって各宗教で実践されてきた簡単な瞑想法を教え、受刑囚が自己を発見していく道のりをサポートしています。トラストの創始者であるアン・ウェザーオール(Ann Wetherall)は、ある受刑囚に宛ててつぎのように書いています。「瞑想に必要なのは、身体と心と呼吸だけです。一日の大半を独房で過ごすことは、あなたが人生を変えるための素晴らしい機会を与えてくれます」。

プリズン・フェニックス・トラストに関する情報は、刑務所内で主に口づてで広がります。受刑囚のほうから私たちにコンタクトがあり、私たちはこれに応えます。現在、私たちはイギリスじゅうのすべての刑務所ならびに少年院に収容されている人々と接触しています。彼らからのコンタクトがあると、私たちは二冊の本、ボー・ロゾフ著『私たちはみな囚人である(*We're All Doing Time*)』とシスター・イレーヌ・マキネスとサンディ・チャブ共著『瞑想とヨーガで自由になる(*Becoming Free through Meditation and Yoga*)』を送ります。本を読むことができない人々のためには、テープも用意されています。これらの本が彼らの人生にどのような衝撃を与えたかについて、彼らの側からも手紙を書いてくれます。

私たちはイギリス各地の刑務所でワークショップを開催し、地元のヨーガや瞑想の教師がこれを引きついで、受刑囚の指導にあたっています。さらに、教師たちに対して、刑務所内で直面するさまざまな問題に関するトレーニングも行なっています。現在、六十人あまりの教師が全国の刑務所で教室を開いています。

しかし、これは本当に効果があることなのでしょうか? 教師たちや刑務所長、刑務所付き牧師たちは口々に「トラストの活動は、受刑囚の行動や人生観を確実に変えています」と語ってくれます。私たち自身も、文通や面会を通してこのことを確認しています。

社会は犯罪から守られる必要がありますし、刑務所はこのための最適な手段と言えるかもしれません。ところが、刑務所自体が犯罪の温床となり、恐怖と暴力の空間となって、すでに人生において傷を負ってきた人々にますますダメージを与えてしまうこともありえます。

しかし、刑務所での生活という体験を、プラス方向へ変えることも可能です。そして、これこそがトラストの目的です。オックスフォードにある私たちの小さな事務所では、瞑想やヨーガの教師、カウンセラーが働いており、いずれも十分な訓練と長年の経験を積んだスタッフです。また、刑務所長やその他の内務省職員による手厚いサポートを受けています。

私たちのトラストは登録慈善団体であり、すべて寄付金によって運営されています。

The Prison Phoenix Trust (プリズン・フェニックス・トラスト)
PO Box 328, Oxford OX2 7HF, England
(登録慈善団体　No. 327907)

後援者——ローナ・セント・オービン、ライオネル・ブルー師、シーラ・キャシディ、ルーシー・フェイスフル、ローレンス・フリーマン神父、ジェレミー・アイアンズ、スティーヴン・テューミン

原　注

* 本書の著者と出版社は、刊行にあたって、『クリスチャンのための禅入門』(*Teaching Zen to Christians*, Manila, 1993)を提供してくださったフィリピン神智学協会に感謝します。また、以下の文献の転載を許可してくださった方々に心から感謝します。

(1) Robert Kennedy S.J., "The Challenge of Being an Honest Broker of Both Traditions".(一九九四年、スイスのラサール・ハウスにおけるシンポジウムで行なわれた講演より)。

(2) Hugo Enomiya-Lassalle S.J., *Living in the New Consciousness*, Shambala Publications, Boston, 1988.

(3) Yamada Koun Roshi, "The Gateless Gate"(Zen Center Publications, Los Angeles, 1972).

(4) Pierre Teilhard de Chardin S.J., *The Hymn of the Universe*, *Pensee 17*.(フランス語版＝Editions de Seuil, Paris, 1961.　英語版＝Harper Collins Publishers, 1965)。

(5) Dom Wulstan Mork O. S. B., *The Biblical Meaning of Man*, Bruce Publishing Company, Milwaukee, 1967.

(6) John of the Cross, "Spiritual Canticle", *stanza 39*.(フーゴー・愛宮ラサール神父による翻訳)。

(7) John Daishin Buksbazen, *To Forget the Self*, Zen Center Publications, Los Angeles, 1977.

(8) Paul de Jaegher S.J., *One with Jesus*, Burns & Oates, 1929.

(9) Federation of Asian Bishops' Conferences, *Prayer: the Life of the Church in Asia*, Cardinal Bea Institute, Manila, 1979.

(10) Yasutani Hakuun Roshi, *Zen no Shinzui : Mumonkan*, Shunjusha, Tokyo, 1973. 原著は、安谷白雲『禅の心髄 無門関』春秋社、一九六五、六八年。

(11) John of the Cross, *The Ascent of Mount Carmel Book 3*, extracts from chapter 6 & 7.（フーゴー・愛宮ラサール神父による翻訳）。

(12) 注3を参照。

(13) Abhishiktananda, *Prayer*, SPCK, London, ISPCK, Delhi and the Westminster John Knox Press, Kentucky.

(14) Jostein Gaarder, *Sophie's World*, Phoenix House, 1995.（ヨースタイン・ゴルデル著、池田香代子訳『ソフィーの世界――哲学者からの不思議な手紙』日本放送出版協会、一九九七年）。

(15) 注8を参照。

(16) 注8を参照。

＊ 聖書の引用は、出版社の許可を得て以下から行なった。

The Jerusalem Bible, Darton, Longman and Todd Ltd., Doubleday & Co. Inc., 1966, 1967, 1968.

十字架のヨハネに関する記述は、以下から引用した。

The Collected Works of St. John of the Cross, Keiran Kavanaugh, Otilio Rodriguez trs., Washington Province of Discalced Carmelites, ICS Publications, Washington DC.

訳　注

日本語版に寄せて、まえがき、はじめに

〔一〕 **老師《ろうし》**　禅宗では、師家《しけ》(→訳注〔五〕)に対する敬称。一般には広く学業に長じた年配者をいう。

〔二〕 **独参室《どくさんしつ》**　独参を行なう部屋のこと。独参とは、禅修行において指導者(老師)が修行者(学人《がくにん》)に一対一の面接を行なって指導すること。独参室の部屋には、他の誰が居てもいけない。

〔三〕 **『碧巌録《へきがんろく》』**　禅宗で重用される公案集の一つ。本文は比較的短い百則から成るが、序、コメントや解説等が加わって大部になる。『従容録《しょうようろく》』や『無門関《むもんかん》』はこれに倣って後世作られた。→公案〔四〕

〔四〕 **公案《こうあん》**　禅の問答、または問答に用いられる問題をいう。多くの場合、師家が修行者に問いを投げかけ、その修行を点検し啓発するために用いられる。

〔五〕 **師家《しけ》**　修行者を導く指導者をいう。但し、禅では正師について修行し、印可《いんか》を得、その法を継いだ者のみが師家(指導者)になり得る。なお、修行者のことは学人という。→印可証明〔六〕

〔六〕 **印可証明《いんかしょうめい》**　師家が修行者の悟りの境地を点検し、その円熟が認められたときに、悟りの境地を認め、証明すること。袈裟、印可状、肖像画(師が讃を付したもの)などを与えて、その証拠とする。

〔七〕 **聖母宣教者修道会**　Our Lady's Missionaries (OLM) の訳。この会はカナダのトロントを本拠とするカトリック修道女会であるが、日本に支部が現存しないため、正式な日本語呼称は不明。この和文名は訳者が字義にもとづいて案出したものである。

〔八〕 **提唱《ていしょう》**　禅宗で、師家(→〔五〕)が公案、仏経、祖録などを学人に講義し、法を説くこと。修行の手がかりを与えることを目的とする。

〔九〕 **見性**《けんしょう》 自らに本来そなわる本性《ほんしょう》を徹見すること。禅、特に臨済禅では開悟を求めて坐禅・修行する。三宝教団でも同様である。禅における見性とは、悟りの第一段階にあたると考えてよい。

〔一〇〕 **座蒲**《ざふ》 坐禅の時に用いる小型で円形の座布団。三宝教団の禅会では、座布団の上にさらに座蒲をおいて坐禅することが多い。

〔一一〕 **プリズン・フェニックス・トラスト** 英国オックスフォードにある受刑者の援助団体。本書巻末の同題の文章を参照されたい。

〔一二〕 **庵号**《あんごう》 「庵」で終わる雅号や称号のこと。ここではシスター・イレーヌ・マキネスの禅名のこと。

〔一三〕 **神智学協会** キリスト教的神秘主義と古代インドのブラフマンの教えとを接合して、宇宙の最高原理を知る道を説く団体。一八七五年にニューヨークに設立され、世界各地に支部がある。神智とは、神と知恵を合成して作った語で、その歴史は十七世紀にさかのぼる。

〔一四〕 **第二ヴァチカン公会議** 一九六二年、教皇ヨハネス二十三世が招集し、その死後パウルス六世が引きついで一九六五年までつづいたカトリック教会の全体会議。ヴァチカンのサン・ピエトロ大聖堂で開かれ、公会議史上はじめて全大陸の司教が参加し、カトリック教会の方針を定めた。教会の現代化(アジョルナメント)とともに、キリスト教以外の宗教を含む信仰の自由が人間の根源的な権利であるとしたことは大きな意義がある。

〔一五〕 **三宝教団**《さんぼうきょうだん》 一九五四年に安谷白雲《やすたにはくうん》によって結成された禅仏教宗教法人。安谷老師は元来曹洞宗に属したが、主に在家の真剣な求道者らを対象に禅を普及させることを目的として曹洞宗を離脱し、独立の宗教法人・三宝教団を設立した。「三宝」とは、仏道根本の三大要素である「仏」「法」「僧」を表わす。教団の基本的性格は曹洞宗のそれを受け継いでいるが、臨済宗門における公案参究の方法をも取り入れ、曹洞・臨済両宗の統合を目指している。全世界に約五十の支部をもつ。一九六二年以降はヨーロッパと米国にも巡錫。現管長の山田凌雲老師もひろく全世界を巡錫して多数の修行者の指導に当たっている。

〔一六〕**パラダイム**　一時代の支配的な物の見方や時代に共通の思考の枠組みを指す。米国の科学史家トマス・クーンが一九六二年に科学史叙述の枠組みとして提起した概念で、後に一般化された。

〔一七〕**大乗**《だいじょう》　原語は大きな乗り物の意で、小乗(小さな乗り物)に対する言葉。大乗とは、あらゆる衆生を乗せて悟りに導く大きな乗り物(教え)のことで、小乗とは自己の救済に重きをおく小さな乗り物(教え)の意である。

〔一八〕**接心**《せっしん》　禅では接心会《せっしんえ》の略称として、一定期間、万事を投げうってひたすら坐禅と仏道修行に専念する期間のことを言う。一般的には摂心とも書き、心を乱さないこと。

第一章

〔一九〕**定力**《じょうりき》　仏教では、悪を破る力として五徳目(信・勤・念・定・慧)をあげる。この五力の一つを定力という。ここでは、禅の修行によって得られるさまざまな神秘的能力を指す。

〔二〇〕**『無門関《むもんかん》』**　宋の禅僧・無門慧開《むもんえかい》(一一八三―一二六〇)が古来の公案四十八則を選び、評釈した書。

〔二一〕**結跏趺坐**《けっかふざ》　坐禅における足の組み方の一つ。もっともよい坐り方とされる。第一章中の「足の組み方」を参照。

〔二二〕**半跏趺坐**《はんかふざ》　坐禅における足の組み方の一つ。頻繁に用いられる。

〔二三〕**ムドラー(mudra)**　仏教では、印相《いんぞう》と訳す。仏・菩薩のはたらきや功徳などを象徴するものを指すが、ここでは仏像や坐禅を組んだ時の手の指でつくる特殊な形のことをいう。一般的には古代インドの確認印、あるいは舞踊の様式化した手の動作やヨーガのポーズを指す。

〔二四〕 **坐禅ムドラー**　禅定印、すなわち坐禅に際してとられる手・指のかたち。

〔二五〕 **リニア思考**　linear thinking の訳。順を追って考える、すなわち筋の通った思考の意である。

〔二六〕 **ランダム思考**　random thoughts の訳。とめどなく、無秩序に頭に浮かぶ想念の意。

〔二七〕 **経行《きんひん》**　「きょうぎょう」と読むのが一般的だが、禅宗では宋音にしたがい「きんひん」と読む。原義は歩くこと。長時間の坐禅に際して、時間を決めて一定のところをめぐったり、往復したりすることを指す。運動のため、または眠気を防ぐために行なう。

〔二八〕 **僧伽《そうぎゃ》**　修行者の集まりのこと。パーリ語 samgha の音写でサンガに同じ。原義は集団。

〔二九〕 **魔境《まきょう》**　人によって坐禅中に経験することがある、一種の幻覚。第五章参照。

第二章

〔三〇〕 **交感《こうかん》**　communion の訳。

〔三一〕 **参入《さんにゅう》**　participation の訳。

〔三二〕 **ユング派**　カール・ユングの所説に賛同する心理学者・精神分析家のこと。

〔三三〕 **ヴェーダ**(Veda)　バラモン教の聖典群で、アーリア人の伝えたインド最古の宗教的文献。前十二世紀から前三世紀にかけて成立したとされる。最古のリグ・ヴェーダ、それに次ぐサーマとヤジュール、および系統の異なるアタルヴァ・ヴェーダの四ヴェーダがある。

第三章

〔三四〕 **ドラヴィダ文化**　インド南部、スリランカなどに住むドラヴィダ種族(Dravidian)の文化。ドラヴィダ族は、インド・アーリア民族とともに、インドの二大主要民族を形成している。

〔三五〕**七佛**《しちぶつ》 過去《かこ》七佛《しちぶつ》のこと。釈迦牟尼仏とそれ以前に現われた六人の仏たちを併せていう。教えは普遍的なもので、これら諸仏により世々説き継がれてきたものという。

〔三六〕**『坐《ざ》禅《ぜん》和《わ》讃《さん》』** 白隠禅師(→人名解説「白隠」)の代表的詩文の一つ。しばしば禅会で唱えられる。本書の付録2にその全文がある。

第四章

〔三七〕**受肉**《じゅにく》 incarnation の訳語。神の独り子「イエス・キリスト」が人間(肉)として世に生まれたこと。

〔三八〕**喝**《かつ》 大声をだすこと、叱ること。禅宗では、励まし叱るときの叫び声をいう。

第五章

〔三九〕**警策**《きょうさく》 「けいさく」とも読む。長さ三尺あまり(約九十センチ)の扁平な棒状の板。坐禅の時に、集中心の欠如、怠け心、眠気を覚ますために、これで肩を打ってもらう。

〔四〇〕**助警**《じょけい》 禅堂内の役位の一つ。直日《じきじつ》が全体を司り、助香《じょこう》がそれを助ける。最下位の助警は諸般の用を足す。

〔四一〕**『楞厳経』**《りょうごんぎょう》 首《しゅ》楞厳経のこと。全十巻。修禅の要義を説いたもので、禅宗で重用される。

〔四二〕**臘八接心**《ろうはつせっしん》 「ろうはち」とも発音する。釈迦が成道した日とされる十二月八日に合わせて行なう接心のこと。

〔四三〕**三昧**《さんまい》 「ざんまい」ともいう。心が一つのことに集中され、統一・安定した状態。梵語 samadhi の音訳。念仏三昧とか読書三昧のように使う。

〔四四〕 **アルファ波バイオフィードバック**　アルファ(α)波は脳波の一つで、リラックスして目を閉じた時にその割合が大きくなる。ある種の音楽に同調して増えるともいわれる。これらの現象を逆に利用して、アルファ波に類似した波形の信号、あるいはアルファ波が増えるような刺激を外部から与え、脳(こころ)の状態をコントロール(フィードバック)する試みと解される。

第六章

〔四五〕 **上座部《じょうざぶ》仏教**　釈迦滅後の原始仏教に第一回分裂が生じたとき、保守的な長老派と進歩的な年少派が分裂し、上座部派と大衆部《だいしゅぶ》派に分かれた。その後第二回の分裂を経て二十部に分かれ、いわゆる小乗二十部派ができた。現在その中で生き残っている部派はわずかに説一切有部《せついっさいうぶ》系の上座部派だけである。後に大乗仏教が興起してきたとき、自己の解脱だけに専念する小乗部派を利己的・小乗的だとして激しく攻撃した。大乗は小乗を超えるために起きた運動で、大乗の立場からは、小乗なくしては大乗は存立しない。しかし、原始仏教を代表するのはやはり上座部仏教で、近代に至ってその存在は再評価されている。

〔四六〕 **只管打坐《しかんたざ》**　道元が強く主張した禅の在り方で、公案など使わず、ただ、ひたすらに坐禅すること。

〔四七〕 **イエスの祈り**(Jesus Prayer)　東方正教会の伝統的な祈りで、「主イエス・キリスト、神の子、われを憐れみたまえ」という短い祈りを繰り返し唱える。

〔四八〕 **雲の祈り**　Cloud Prayer の訳。『不可知の雲』(→〔五〇〕)で解説されている祈りの方法。心を空白にし、「不可知の雲に向かって愛という鋭い矢を投げつける」ことによって神を求める。精神集中のため短い言葉を思い浮かべることも勧められている。

〔四九〕 **中心へ向かう祈り**　Centring Prayer の訳。四世紀、砂漠で修行した修道士カッシアヌスが起源とされる観想の祈り。近年再評価されるようになり、Centring Prayer と呼ばれるようになった。『不可知の雲』(→〔五〇〕)もこの霊性の流れに属するとされている。静かに坐り、目を閉じて、「神」「愛」などの短い言葉を思い浮かべ精神集中することで、内なる神と向かい合う。

〔五〇〕**『不可知の雲』**　*The Cloud of Unknowing*. 英国神秘主義を代表する書物。十四世紀後半の成立とされる。匿名の著者によって祈りの初心者である若者のために当時の英語でわかりやすく書かれた祈りの解説書(→〔四八〕)。

〔五一〕**カリスマ派**　二十世紀初頭にアメリカで生まれ、初代教会への復帰を目指した「ペンテコステ運動」に続いて、カトリック教会内に起こった刷新運動。異言・預言・癒しの力を重んじる。カリスマは神からの賜物を意味するギリシャ語 charisma に由来する。

〔五二〕**クルシリョ**　一九四四年にスペインのマジョルカで始まったカトリックの刷新運動。週末三日の修養で一般信者の精神生活を深めることを特徴とする。

第七章

〔五三〕**四つの誓願**　四弘誓願《しぐぜいがん》のこと。衆生無辺誓願度《しゅじょうむへんせいがんど》、煩悩無尽誓願断《ぼんのうむじんせいがんだん》、法門無量誓願学《ほうもんむりょうせいがんがく》、仏道無上誓願成《ぶつどうむじょうせいがんじょう》の四句よりなる。しかし、宗派などによって語句には若干の異同がある。

〔五四〕**安居《あんご》**　修行者たちが一定期間一箇所に集団生活し、外出を避けて修行に専念すること、あるいはその期間をいう。雨季定住ともいう。

〔五五〕**「大審問官」**　ドストエフスキーの『カラマーゾフの兄弟』の第五章第五編のタイトル。多数の異教徒が大審問官である僧正の指揮下に焼き殺された翌日、キリストが再臨する。

〔五六〕**無上道《むじょうどう》**　この上なくすぐれた道、または悟り。

第八章

〔五七〕**『従容録《しょうようろく》』** 曹洞宗の聖典の一つ。百則の問答に頌《じゅ》と評唱《ひょうしょう》が加わったもので宋代に作られた。

〔五八〕**『伝光録《でんこうろく》』** 伝光とは、一灯から一灯へと光を伝えるの意。五十三章よりなる。瑩山紹瑾《けいざんじょうきん》により一三〇〇年に加賀で講述されたもの。曹洞宗の宗典の一つ。

〔五九〕**五位** 一切の物事を五つに分類したもの、五事あるいは五法ともいう。ここでは洞山(↓人名解説「洞山良价」)の功勲五位《こうくんごい》を指し、修行によってその体験内容が次第に円熟してゆく過程を五段階に分けて示したもの。悟りの深浅に通ずる。

〔六〇〕**隻手《せきしゅ》の音声《おんじょう》** 片手で出す音。白隠禅師が創作した公案。

〔六一〕**臘月《ろうげつ》** 十二月のこと。

〔六二〕**老叟《ろうそう》** 老年の男、老翁の意。

第九章

〔六三〕**至高体験** peak experience の訳。心理学者マズローが提唱した概念。陶酔感、宇宙との一体感など、人生最高の瞬間として体験される意識状態をいう。

〔六四〕**ヘレニズム** ギリシャ文明、またはギリシャ精神。

〔六五〕**月を指す指にすぎない** 月を指さす人の指をいくら見ても、月は見えないの意。江戸時代の臨済宗の僧・仙厓《せんがい》の有名な禅画に因む。目的と手段の取り違えを風刺したもの。

〔六六〕**有期誓願期** カトリックの修道女(士)になるための課程で、一年から一年半の志願期、二年から二年半の修練期に続く三年から六年の期間をいう。この後、荘厳誓願を経て正式の修道女(士)

となる。

おわりに

〔六七〕 **バイオダイナミック農法** オーストリア出身の人智学者ルドルフ・シュタイナーが一九二四年に提唱した一種の有機栽培農法で、天体の運行に合わせてすべて人の手で行なう。農薬・化学肥料・殺虫剤を使用しない。

〔六八〕 **二十世紀という特殊な世紀の終わりに近づきつつあり** 本書は一九九五年に書かれたものであることに留意していただきたい。

〔六九〕 **笏**《こつ》 束帯着用の時に右手にもって威儀を整えた板片。長さ約一尺(約三十センチ)であることから、「しゃく」ともいう。

〔七〇〕 **グレンドン刑務所** 英国オックスフォードの北方グレンドン(Grendon)にある精神医療刑務所。

〔七一〕 **ハーバートの「祈り」** イングランドの聖職者・詩人であるジョージ・ハーバート(George Herbert, 1593-1633)の詩文型の祈り。但し、ここに書かれているものは、詩文中にちりばめられた言葉あるいは句を個人の好みによって抄出し、それらを列記したものである。

付録2 詠 歌

〔七二〕 **御言葉**《みことば》 この詠歌は旧約聖書の『箴言《しんげん》』八章22-31節そのものである。訳文は「新共同訳聖書」のものをそのまま引用した。

〔七三〕 **祝別**《しゅくべつ》 聖別《せいべつ》に同じ。キリスト教で、人・物・場所などを世俗的使用から区別すること、あるいは区別されたものに付ける標《しるし》を指す。

〔七四〕　衆生《しゅじょう》　いのちあるもの。生きとし生けるもの。六道《ろくどう》を輪廻するもの。

〔七五〕　**六趣輪廻**《ろくしゅりんね》　六趣は六道に同じ。六道とは、衆生がその業《ごう》によって赴き住む六つの迷界（地獄、餓鬼、畜生、修羅、人、天）のこと。したがって六趣輪廻とは六道の間を生まれ変わり死に変わりして、迷いの生を続けること。

〔七六〕　**摩訶衍**《まかえん》　梵語の mahayana、すなわち大乗（→〔一七〕）のこと。

〔七七〕　**禅定**《ぜんじょう》　禅のこと。禅は梵語の dhyana の音写、定はその漢訳で、どちらも同じものを指す。

〔七八〕　**諸波羅蜜**《はらみつ》　梵語 paramita の音写で、菩薩（悟りを求める「衆生」→〔七四〕）の基本的な実践徳目。通常六種あるいは十種ある。

〔七九〕　**戯論**《けろん》　分別が言語に現われること。形而上学的議論。差別的対立。無意味で利益のない議論。

〔八〇〕　**因果一如**《いんがいちにょ》　原因と結果をまとめて因果といい、一如はただ一つであること。原因と結果はつきつめれば、一つのものであることを意味する。悟りの境地から観れば因果は一如であるということ。

〔八一〕　**無礙**《むげ》　とらわれがなく、自由自在であること。障害のないこと。

〔八二〕　**四智円明**《しちえんみょう》　四智とは悟りに達したときに得る四種の智。円明は智慧が完全で一点のくもりもないこと。四種の智とは、大円鏡智《だいえんきょうち》（鏡のように差別なく現わしだす智）、平等性智《びょうどうしょうち》（自他のすべてが平等であると知る智）、妙観察智《みょうかんざっち》（平等のなかに各々の特性があることを観る智）、成所作智《じょうしょさち》（あらゆるものを完成に導く智）である（唯識論）。

〔八三〕　**寂滅**《じゃくめつ》　煩悩をはなれて、心の静まりかえった状態。悟りの心境。わが国では転じて死ぬこと、消失することの意にも用いられる。

禅体験へのいざない

ルーベン・アビト

この喜び、完全なる喜びは今わたしのもの。

（『ヨハネ福音書』三章29節）

カトリック修道女であるシスター・イレーヌ・マキネスが禅の見性体験を山田耕雲老師から公認されたとき、このヨハネ福音書の一句が、心から溢れ出るようなものとしておのずから湧き上がり、その後の数週間も日々それを口ずさんだものだった、と彼女は語る。

禅でいう「見性体験」とはいったい何か。本書は、哲学的な分析や煩瑣な観念・言葉を用いてそれを説き明かそうとするものではない。それはむしろ読者に、「あなたもどうぞ、味わってごらん」という誘いをかけるものである。

実際、本書はシスター・イレーヌが指導するカナダのトロント市にある禅会で、坐禅の修行を始めてみようとする人々の手引きとして用いられている。つまり本書は、長年禅の道を歩んできた者から、その道を歩むことによって見いだせるあらゆる「宝物」を多くの人々にもわかち合うための「禅体験へのいざない」として提供されている。

禅の入門書なる出版物は山ほどあるが、本書が特に注目に値するのは、禅の正式な伝統の血脈を受け継ぐその著者が同時に、キリスト者であり、カトリック修道女でもある、というところにある。シスター・イレーヌ、そして彼女のように禅教師や師家の資格をもって世界各地において禅の指導に当たる数十人もの者がいるということは、故山田耕雲老師(一九〇七―八九)の禅の遺産によるものである。

原田祖岳(大雲)・安谷白雲の系統を受け継いだ山田耕雲は、一九六〇年代からその逝去年の一九八九年まで鎌倉市にある三雲禅堂という小さな禅道場を基点に、三宝教団として知られる禅会の主宰者であった(ちなみに三雲とは大雲・白雲・耕雲の三師の名からなる)。山田耕雲著の『禅の正門』や『耕雲禅話』、そして米国でベストセラーとなったフィリップ・カプロー編の『禅の三つの柱(*Three Pillars of Zen*)』などにもうかがえるように、曹洞禅と臨済禅の両流を受け継ぎ、在家者を中心とした禅風である。

日本滞在中(一九七〇年から八九年まで)山田耕雲老師の指導を幸いにも受けることのできた一人として、私なりにその「耕雲禅」の特色を若干ここで述べさせていただくことにする。

まずそれは「禅生活の三結実(Three Fruits of the Zen Life)」を重視する禅風であるといえる。「三結実」とは「定力《じょうりき》・見性悟道・無上道の体現」の三つを指す(本書の第七章はこれらを「禅の三目的」と書くが、このようにすると「目的」とそれに達するための「手段」という二元的なものが前提となり、禅の立場から見るとそれらは「目的」よりもむしろ禅の道に咲く「花」であり、または「花実」、その「実り」としてとらえることが正確といえよう)。

「定力」とは、坐禅の修行の積み重ねによるものであり、静寂から生まれ出るエネルギーによって身心が統一されることを指す。それが坐禅中だけではなく日常生活のすべてにおいて、いかなる状況に置かれても、その場その場に、静寂なこころをもってあらゆる事柄に立ち会うことができる。わが人生を構成する、あちこちに散らばりやすい諸要因が、徐々にある中心点に収束され、「今、ここ」という基点に帰着してくる、ということでもある。

このような身心のもちかたを日常生活において保ちつつ、それが深まることによって、見性悟道、悟りの世界が開かれる。いうまでもなくこれは一個の人間にとって実に大いなる転機をなすものであり、「私とは何ものか」、「存在とは何か」、「いかに生きるか」など人間にとって最も基本的な問いを照らすものとなる。

これについてはいろいろな角度から書かれており、言葉が尽きない。しかしあえて言葉にするならば、ごくごく簡単に述べると、「悟り」とは、この「自分自身(私)」なるものも、そしてその「私」と対置する「世界」のあらゆるものも、その両方ともが「カラッポだー」と体験的に把握することにほかならない。仏教用語でいうならば、般若心経でいう「色即是空・空即是色」とはそのことを端的に表現している。また「あらゆるもののありのままのすがたを見る(如実知見)」ともいわれる。

さて、このように悟って何になる、ということが、最も重要な「無上道の体現」への導入となる。これはすなわち、「私(いわゆる主観)」というものも、「世界(いわゆる客観)」というものも、両方とも「カラッポ(空)」であると体験したことの光によって照らされる人生の歩み方を指す。これは実に一個人の全生涯の一大事であり、その人にとって生きる限りの最も重要な課題となる。

ここに禅生活の本当の「実り」があり、人生が真に花咲くところを指し、大悲のこころを中心とする人生の歩み方を意味する。泣く者と共に泣き、喜ぶ者と共に喜ぶような心がそれである。宮沢賢治が「雨ニモマケズ」で言い表わしたように、「東ニ病気ノコドモアレバ／行ッテ看病シテヤリ／西ニツカレタ母アレバ／行ッテソノ稲ノ束ヲ負イ／南ニ死ニソウナ人アレバ／行ッテコワガラナクテモイイトイイ／北ニケンカヤソショウガアレバ／ツマラナイカラヤメロトイイ」、つまり、このように生きることが禅の無上道にほかならない。

「光につつまれて」生きるとはこのことを指す。本書で語られるシスター・イレーヌのたどった道、その生き方そのものが、禅生活の結晶として全世界に提供されるものである。

「耕雲禅」の特色のもう一つは、それが「宗教」というものがもたらす人々の「所属意識」を乗り越え、人間なら誰にでもこの禅の道が開かれる、という主張である。これは禅の根本立場を表わす「教外別伝」と「不立文字」からくるものであるが、すなわち上述の「禅生活の三結実」とは「信仰箇条」や「教理的立場」、つまり宗教的所属・非所属を問わず、真剣な求道者なら誰でも達することができる、ということである。これについては、特に一九七〇年代から多くの人が外国から鎌倉の三雲禅堂に集まり、山田耕雲老師の指導を求めて坐禅の修行に励んだことがあった。その多くはキリスト教信者(カトリックの神父やシスター、またはプロテスタントの牧師や一般信徒)であり、ユダヤ教徒も数人来られた。耕雲老師はその方々に、禅の道に入るに当たって「仏教徒になれ」などと決して言わず(なかにはそうなって受戒する人もあったが)、彼ら・彼女たちをそのまま引き受けて参禅者として指導した。

その所以《ゆえん》は、坐禅とは老若・男女・国籍・宗教・無宗教などを問わず、人間ならその極みまで達することができるはず、とするところにあり、耕雲老師はたびたび坐禅会の提唱などで言い表わし、人々を励ました。坐禅の実践による静寂のエネルギーが湧き上がり、「カラッポの世界」に目覚め、そしてそれを一生涯自らの人生に照らして生きるには、老若・男女・国籍・宗教・無宗教の区別は全くない、という立場である。

無論、禅とは仏教という長い歴史をもち、多文化圏において展開した宗教伝統のなかで生まれ、育てられてきたことは十二分に納得の上で、その根底にある「空の世界の体験的把握」とは「仏教」という宗教伝統に限られるものではないということ、これは耕雲老師の主張するところでもあった。このことにもとづいて老師はキリスト者である参禅者たちに挑戦を投げかけた。

「空の世界をしっかりと把握し、それが自分たちの生き方に定着し、本当に実ったならば、それを聖書の言葉やほかのキリスト教的な表現で人々に伝えてみなさい」と。

カトリック修道女イレーヌ・マキネスの「光につつまれた」人生、その存在そのものが、老師が投げかけた挑戦に対して見事に応答している。本書はシスター・イレーヌから読者に提供する「禅体験へのいざない」であると同時に、全世界の人々への貴重な贈り物でもある。

マリア観音禅道場主宰　恵雲軒ルーベン・アビト
（米国テキサス州ダラス市在住）

光雲大姉のこと

ローレンス・マクガレル

「親切な指導はいつも具体的です」。山田耕雲老師が提唱の中で述べたこの言葉は、シスター・イレーヌ・マキネスのこの『禅入門』にこそ当てはまる。禅の修行を始める方はもとより、経験者にとっても本書のなかでのシスター・イレーヌの指導は確かな道しるべ、ありがたい励ましとなるに違いない。

イレーヌ・マキネスは若年からヴァイオリンを習い、音楽活動で人生の第一歩を始めたが、少女の頃から芽生えていた求道心に導かれて、カトリックの聖母宣教者修道会に入会し、その後、日本に派遣されることとなる。シスター・イレーヌと私が出会うのは、それから十数年後、私は日本に派遣されたばかりのイエズス会神学生であり、鎌倉にあって日本語勉学中であった。三雲禅堂で修行に勤しんでおられたシスターが、ピアノの伴奏者を探していたことが出会いのきっかけとなった。当初、日本語を学習する地味な日常に週一回、合奏を楽しむという彩りを添えることだけを考えていた私であったが、禅道を進もうと望むシスター・イレーヌとの音楽の練習をとおした会話は、私にとって次第に「真の自己」に開眼していくための人生の道友をうる、得難いめぐり逢いとなった。

「真の自己」を知ってこそ、師家としての力量を発揮することができる。シスター・イレーヌは、こうした厳しい考え方を山田耕雲老師から真摯に受け継いでおられた。もっともシスター・イレーヌには、音楽の道を歩んでいるときから、体験こそが「働き」の根源であることは、よくわかっておられたはずである。共に練習することでますますその思いは確信に変わっていった。今この瞬間に鳴り響く音楽を一心に聴く、乳癌手術の後遺症を乗り越え、自ら演奏することが可能な曲の真髄を究めようとする。三十七年前の練習と対話とにおいて、最も大切なことをつかもうとするシスター・イレーヌの求道心は、私に強く働きかけた。

禅の指導者の働きは自由自在であり、そして力強く慈愛深い。またそれと共に、修行する者のことをよく弁《わきま》えた、厳格でかつ寛容な指導でなければならないことは言うまでもない。これまでシスター・イレーヌの下に参じている方々の国籍、地位あるいは人生経験は実に多種多様である。フィリピンでは、修道女や神学教授、マルコス政権下の被抑圧者(political detainees)、アキノ政権の副大臣、そして学生と老人、主婦と経営者などなど。イギリスとカナダにおいては、宗教家と知識人、自国民と移住者、また刑務所の囚人とスタッフなど。分け隔ても贔屓《ひいき》もせず、禅道を求める一人ひとりを懇切に指導されてきたシスター・イレーヌも、現在は齢八十代の半ばに達し、祖国カナダにあって刑務所でヨーガと瞑想の指導者を派遣する財団 Freeing the Human Spirit を中心に活動を続けておられる。本書に開示されているシスター・イレーヌの働きが、「普く一切に及ぶ」ことを切に祈りたい。

約二十年前、シスター・イレーヌに久しぶりにお会いしたときのこと、カトリックの霊性や禅の修行について話をするうち、次第に私は理屈にこだわり出した。親切に耳を傾けておられたシスター・イレーヌは、穏やかな姿勢のままに静かな苛立ちを表わした。そして一言、「私には今しかありません」。厳しくも優しいこの言葉は、私の宝となっている。その「今」を共有するために、親友イレーヌ・マキネス大姉と共に歩むようになったことを心から感謝する。合掌。

二〇〇九年五月十日　広島にて

イエズス会士　ローレンス・マクガレル
（広島市エリザベト音楽大学理事長）

『禅入門』に寄せて

佐藤　研

手前味噌で恐縮であるが、筆者は以前、『禅キリスト教の誕生』という書を出版させていただいた(岩波書店、二〇〇七年)。その中で、一九七〇年代以降世界の各地、とりわけドイツを中心とするヨーロッパにおいて、キリスト教に坐禅の修行方法が導入され、それがキリスト教の根本的な刷新運動になっていることを述べ、この運動を「禅キリスト教」と名づけた。現在それは、ヨーロッパを越えて、北米、(日本以外の)アジア、オーストラリアなどに草の根運動として広く展開されるにいたっている。

シスター・イレーヌ・マキネスは、カナダ出身、ジュリアード音楽院でヴァイオリンを修めた音楽家であり、同時に聖母宣教者修道会(Our Lady's Missionaries)の修道女である。彼女は、一九六一年に日本に派遣された後、不可思議な諸縁が結実するにつれ、最終的には前記の「禅キリスト教」のいわば受胎告知を担い、また自ら、禅キリスト教の誕生期の幾瞬間を形成する人物となった。本書を通読すれば、その次第がつぶさに知られるであろう。これによって、一人の修道女の中に起こった霊的革命の事件が彷彿《ほうふつ》とするだけでなく、広くは現在のキリスト教がどのような宗教史的転換期に遭遇しているかがほの見えて来る。また我が国において禅に関わる者、あるいは禅に関心を持つ者にとっては、キリスト教が禅を体現するもう一つの枠組みとして、将来的にどれほど大きく刷新され再定義されうるかが示唆されるであろう。ちなみに、(日本以外の)アジアで最も坐禅が盛んな国は明らかにフィリピンであるが、これは一九七六年以来、シスター・イレーヌ自身が蒔いた種の見事な結実である。

さらに私見によれば、シスター・イレーヌの活動は、もう一つ刮目に値する側面をもっている。それは、彼女が一九九二年以来、英国の The Prison Phoenix Trust で推進した、英国刑務所の囚人たちへの坐禅の指導である。この運動は現在、カナダへも飛び火している。刑務所で受刑者たちに坐禅を定期的に指導するなどとは、日本の禅界では聴いたことがない。これには、刑務所という施設に対する彼我の社会的な位置づけの差も関係しているであろうが、少なくとも、禅キリスト教という姿をとった禅がこれから持ち得る社会的次元の広がりの一端を看取させてくれよう。坐禅の持つ意味は、決して高尚な宗教精神活動、あるいは僧侶としての資格形成の条件にのみ存するのではない。通常の私たちの観念を遥かに超えて、苦悩する人間の魂を甦生させ、その本分に安住せしめる力を有している。人生最悪の状況の中でも自己放下に徹して坐するとき、宇宙は変貌しうるのである。禅に潜む、こうした広範な可能性を示す意味でも、本書はことさらに興味深い。言葉を換えれば、禅を修めた者が、キリスト教徒であろうと何教徒であろうと、その本質に添って禅の果実を世界に還元していく際の具体的な一可能性を、シスター・イレーヌは鮮烈に示してくれたのである。そのメッセージを真摯に受けとめるよう肝に銘じざるを得ないのは、筆者だけではないであろう。

二〇〇九年五月

(立教大学コミュニティ福祉学部教授。専攻、新約聖書学)

訳者あとがきに代えて

堀澤祖門

シスター・イレーヌ・マキネス師が初めて日本に来た年が一九六一年の九月で、その翌年の三月に雪の舞う比叡山に登ったと本文にありますから、シスターとの出会いは今から四十七年も前のことになります。その時の彼女は、カトリック尼僧の旧式な黒くて長いガウンを着ていて、名前もシスター・アレクサンダーと名乗っていました。

私たちはその後、お互いを信じあって長い友情を保ってきました。比叡山での修行の後、私が初めてアメリカ、カナダを一人で漫遊した時は、特にカナダ国内ではシスターの特別のはからいで、トロントにある本部の修道院やシスターの友人知己の数カ所を紹介していただき、楽しく学習することができました。その後、私はインドへ、シスターはフィリピンへと活動の場所を移していきます。

二〇〇五年の初めの頃でした。シスターからきた手紙は、私も八十歳を過ぎ、最近心臓に血行障害もあるのでもう懐かしい日本に行くことができません、という趣旨でした。これまでシスターは、フィリピンから帰国する時には日本を経由され、鎌倉はもちろん私たちのところにも必ず足を運んでくれました。そんなシスターがもう日本にはこられないというので、それではと、それまでシスターと格別のご縁があった三人、只間康道さんと大代喜久夫さんと私がシスターのお見舞いに行くことになりました。

その年の七月、私たちはトロントを訪れ、早速シスターを見舞いました。シスターは思ったよりお元気で、私たちの訪問をとても喜んでくれ、日本レストランにも同席してくれました。そして現在、トロントで続けている坐禅会にも招待し、十数人のお弟子の方々をにこにこと紹介してくれました。

そんな出会いのなかで、私が特に感心したことがあります。滞在中、私たちのドライバーを引き受けてくれたケヴィンさんは、会社を引退した後、シスターの弟子となって坐禅をしているとのことでしたが、大変にお世話になったので日本へご招待しましょうともちかけると、ありがたいことですが今は「無字」の公案で頭のなかが一杯であり、とてもその余裕がありませんから、と丁寧に辞退されたのです。ああこの人は本気で坐禅をしているのだな、と私はそのとき強く思いました。シスターが一般のお弟子たちに、このような強い信念を起こさせる指導をされていることに感動したのです。

帰国に際して、シスターは二冊のご自分の著書をプレゼントしてくれました。日本に帰って、その一冊を読み始めているうちに、私はいつの間にかその本の世界に引き込まれてしまいました。そしてシスターが習得した禅が、紛れもなく本物であることを知りました。かつて三十数年前、シスターが鎌倉の老師について坐禅修行をしていた時、ついに開悟体験をしたこと、そしてその歓びを共にわかつために、鎌倉で一緒に修行しませんかと、私に熱心な誘いをかけたことがありました。

しかし、その彼女の師という人が名もなき在家の師であると知ったとき、プロのれっきとした指導者を求めていた私には、その禅がどうしても本物とは思われなかったのです。こうして四十年近くを経たのです。しかし、それが本物であると感じた今、私の心は動きました。すぐにシスターにメールを送りました。「あなたから鎌倉の師を紹介されながら、不明にして私はあなたの好意を受けることをしませんでした。実に四十年が過ぎてしまいましたが、自分の非を悟った今、何としてもあなたから鎌倉の師を紹介していただき、これから真実の一歩を踏み出したいと願います」と。シスターからすぐに返事が返ってきました。「四十年後でも、祖門、しないよりはベターです」。

このことを契機として、私は時間を作っては鎌倉へ通っています。それと共に、このシスターの本を何とか日本語に翻訳できないものかと考えるようになりました。そこで翻訳者の相手として一番先に思いついた人が田中正夫さんでした。田中さんは日本からカナダへ永住して、長らくヨーガを実践しておられ、シスターの座禅会の時に私の法話を通訳してくださった方です。田中さんは私の無鉄砲な提案にも誠実に応えてくださり、共同翻訳者となりました。

さて同じ頃、もう一人の重要な人物が現われました。石村巽《ゆずる》さんです。石村さんは実は長年、私の家族同様の人で、いわば弟分です。京都大学医学部を出たのち慶應義塾大学医学部の教授となり、定年後は請われてアメリカのテキサス大学で四年間あまり共同研究に従事し、大学町の名誉市民に推されたのち帰国したところでした。翻訳の話を聞いて非常に興味を示し、チームの一員に加わりました。

そういうわけで、まず原文から田中さんが一次訳をしてくれました。その後を石村さんが精細に検討して、二次訳を作ってくれます。そうして出来上がったものを、私が仏教者の立場から内容の手直しをするというふうに自然に役割が決まっていきました。しかし私たちは、三人ともかなりの年齢で、日本語の文体も古く、文学的素養もありません。

そういうところに、はまり役として加わってくれた人が吉岡美佐緒さんです。彼女は京都大学医学部出の精神科医で、当時、ロンドン大学精神医学研究所で勉強し、摂食障害の患者やその家族のための本を日本語に翻訳している最中でした。翻訳経験がある彼女の参加により、文体もよりやさしく判りやすくなったことは大きなプラスでしょう。

そしてこの本の翻訳に当たり、ネイティブ・スピーカーとしてアドバイスしてくださったリチャード・スチュアートさん、ポール・ド・ヤーガーに関する貴重な資料を提供してくださったルーヴァン大学のベルナール・ドゥプレさんにもこの場を借りて心から感謝申します。また岩波書店との仲立ち役をつとめてくださった方が立教大学の佐藤研教授です。佐藤さんの『禅キリスト教の誕生』がシスターとの縁を取りもってくれました。佐藤さんのこの本によって初めて、キリスト教に果たす禅の役割の大きさが判明しました。その一つの明確な見本が、このシスターの本なのです。そして何より、この本の真価を認めて熱心に出版へと推し進めてくださった岩波書店編集部の中川和夫さんに翻訳者一同、心から感謝の意を申し述べたいと思います。中川さんの炯眼なくしては、この本が日の目を見ることは難しかったでしょう。

終わりに、天性の求道者であり、かつ類い稀な禅の女性老師であるシスター・イレーヌ・マキネス師のこの本が、本人の願いのように一人でも多くの人の心に響き、そしてその人びとが「真の自己」を探すための大いなる旅路に、勇躍出で立たれますことを、翻訳者一同、心から願わずにいられません。合掌。

二〇〇九年二月

翻訳に際しての参考文献・引用文献

- キリスト教関連の人名表記は『岩波キリスト教辞典』に従い、それ以外の人名、地名表記は岩波『広辞苑』に、仏教用語の表記は『岩波仏教辞典』に従いました。
- 聖書の引用は主に『新共同訳聖書』(日本聖書協会)を用い、文脈によっては我々独自の訳を用いました。
- 十字架のヨハネ『霊の賛歌』第三十九歌の翻訳は、東京女子カルメル会訳を参考にしました。
- 第五章安谷白雲老師の「警策」に関する文章は、同老師著『禅の心髄 無門関』(春秋社)から引用しました。
- 第八章山田耕雲老師の詩は、佐藤研先生に提供していただきました。
- 「雲の祈り(Cloud Prayer)」の解説は、*The Tradition of Catholic Prayer* (The Monks of Saint Meinrad, Christian Raab, O. S. B., Harry Hagan, O. S. B. ed., Liturgical Press, 2007)を参考にしました。
- 「中心へ向かう祈り(Centring Prayer)」の解説は、*Awake in the Spirit—a Personal Hand Book on Prayer* (M. Basil Pennington, St. Paul Publications, 1992)を参考にしました。

■岩波オンデマンドブックス■

禅入門――カトリック修道女の歩んだ道
イレーヌ・マキネス

2009年9月25日　第1刷発行
2016年9月13日　オンデマンド版発行

訳者　堀澤祖門《ほりさわそもん》　石村巽《いしむらゆずる》
吉岡美佐緒《よしおかみさお》　田中正夫《たなかまさお》

発行者　岡本厚

発行所　株式会社　岩波書店
〒101-8002　東京都千代田区一ツ橋2-5-5
電話案内　03-5210-4000
http://www.iwanami.co.jp/

印刷／製本・法令印刷

ISBN 978-4-00-730488-0　Printed in Japan

人名・地名解説

本文中にアステリスク＊印を付した人名および地名について，
以下，五十音順に記す．

ア 行

アヴィラ（アビラ）

Ávila. スペインの中部，旧カスティリア地方の都市．イサベル女王および聖テレサの生地．→テレサ

ア・ケンピス　→トマス・ア・ケンピス

アクィナス，トマス　→トマス・アクィナス

足立道舟《あだちどうしゅう》(1924-)

三宝興隆会の老師の一人で，号は瑞雲軒《ずいうんけん》．現在も神奈川県相模原市で禅会を指導．

アトス(Athos)

ギリシャの北部，ハルキディキ半島の北東突出部にある東方正教会の修道共和国（自治領）の名前．アトスの名は半島南端にあり「聖山アトス」と通称される標高 2033 m の山の名に由来する．9 世紀初頭からの歴史があり，20 の修道院が立法行政府を共同で営む．美術品の宝庫でもある．

アビシクターナンダ(Abhishiktananda, Swami, 1910-73)

本名はアンリ・ル・ソー(Henri Le Saux)．ヒンドゥー教=キリスト教徒で神秘主義者．ベネディクト派のフランス人修道士，司祭であるが，1948 年にインドに渡航・帰化して，終生遊行者としてキリスト教とヒンドゥー教の共生・融合に尽くした．

アビト，ルーベン(Habito, Ruben L. F., 1947-)

フィリピン生まれのイエズス会士として来日したが，山田耕雲老師に禅を学びイエズス会を離脱．現在は禅老師として，米テキサス州ダラスでマリア観音禅堂を主宰．Southern Methodist 大学の神学教授などを兼ねる．本書の巻末に彼の寄稿がある．

アレヴァロ，カタリーノ(Arevalo, Catalino G.)

フィリピンのイエズス会士・司祭・神学者，アテネオ・デ・マニラ大学ロヨラ神学院名誉教授．

イェーガー，ヴィリギス(Jäger, Willigis, 1926-)

ドイツ人ベネディクト会士・禅老師．

イグナティウス・デ・ロヨラ　→ロヨラ

イザヤ(Isaiah)

前8世紀に活躍した預言者．その預言は旧約聖書の『イザヤ書』に収められている．

ウィノグラード，アーサー(Arthur Winograd)

1946-55年まで，ジュリアード弦楽四重奏団のチェリストをつとめた．

ウッドワード，トーマス(Woodward, Thomas)

宣教師．シスター・イレーヌ・マキネスの日本滞在時代の友人．

ウルスタン，モルク　→モルク

エイトケン，ロバート(Aitken, Robert Baker, 1917-)

禅老師．原田，安谷，山田(耕雲)の三老師に師事．ハワイに禅堂を開き，また長く社会奉仕に尽くした．1996年に引退したが，今も車椅子を用いてオアフ島パロロ禅センターで参禅指導を行なう．

慧可《えか》(487-593)

中国禅宗の第二祖．初祖・菩提達磨に弟子入りする際に，自らの左肘を切って求道心を示した話は有名である．初祖とともに初期禅仏教を担い，その語録は後世に大きな影響を残した．

エックハルト，マイスター(Eckhart, Meister, 1260頃-1328頃)

中世ドイツの神学者・神秘主義者．ドミニコ会士，パリ大学の神学教授．ドミニコ会の高位聖職を歴任するが，死後，その否定神学のゆえにローマ・カトリック教会より異端の宣告を受けた．

愛宮《えのみや》ラサール(Lassalle, Hugo Makibi Enomiya, 1898-1990)

イエズス会神父．ドイツ人，1945年に日本で伝道中，広島で被爆したが奇跡的に一命を取り留め，1948年に日本国籍をえて愛宮真備《えのみやまきび》と名乗った．広島市に平和祈念聖堂を建設，同名誉市民となる．上智大学教授．日本イエズス会の長上職なども務めた．キリスト教に禅の霊性と修行を導入，死の直前まで欧州に禅キリスト教運動を展開した．ドイツで死去．著書多数．

圓光寺《えんこうじ》

京都市左京区一乗寺にある臨済宗南禅寺派の寺院．山号は瑞巌山《ずいがんさん》，創立者は徳川家康．十牛の庭と呼ばれる庭園で知られ，紅葉の名所でもある．

カ 行

迦葉《かしょう》

ふつう摩訶迦葉《まかかしょう》と呼ばれる．釈迦の十大弟子の一人．釈迦の没後，500人の弟子

を集めてその所説を編集し，経典や戒律のテキストを成立させた．禅宗では釈迦の正法を唯一人伝えた弟子とされ，西天(インド)二十八祖の第一祖として尊崇される．

カタリナ(シエナの)(Catharina, ⟨Siena⟩, 1347-80)

西方キリスト教の活動的女性神秘家・教会博士．キリストとの神秘的婚姻を体験，一生を奉仕活動に捧げたが，フランス国王が幽閉した教皇の解放や，教会の分裂を防ぐなどの活動も行なった．主著に『対話』があり，そのほかに多数の手紙が残されている．

カプラ，フリッチョフ(Capra, Fritjof, 1939-)

ウィーン生まれの米国の物理学者．素粒子論とシステム論を専門としたが，エコロジー・システム論的な発想の開発と普及に転じた．物理学と東洋思想との相同性・相補性を指摘した一連の著書は，世界的に幅広い読者層を得た．一例に『タオ自然学』(1975)がある．

カミュ，アルベール(Camus, Albert, 1913-60)

フランスの作家．『異邦人』『ペスト』などの作品で世界的に著名．ノーベル賞受賞(1953)．

カルメル山

パレスチナにある山の名前．12世紀からこの山にカトリック修道士が住みはじめ，やがて「カルメル山の聖母修道会」となった．しかし，16世紀にアヴィラのテレサと十字架のヨハネらによる改革運動が起こり，現在の跣足《せんそく》カルメル会が成立した．

キャンベル，ジョセフ(Campbell, Joseph John, 1904-87)

米国の神話学者．サラ・ローレンス大学教授，比較宗教学者としても知られる．

ケネディ，ロバート(Kennedy, Robert, 1933-)

イエズス会神父．禅を修行して老師となり，現在，米国ニュージャージー州でThe Morning Star Zendoを主催．滞日8年，山田耕雲老師に師事した．

窪田慈雲《くぼたじうん》(1932-)

安谷白雲，山田耕雲老師を継ぎ，第三代三宝教団管長(1989-2004)を務めた．現在も東京都渋谷区上原の代々木上原禅堂で禅会を指導．

サ 行

サックヴィル(Sackville)

著者の出身校マウントアリソン大学がある，カナダのニューブランズウィック州の町．

ザビエル，フランシスコ(Xavier, Francisco, 1506-52)

スペインのカトリック修道者．日本に初めてキリスト教を伝えた人物．イグナティウス・デ・ロヨラの感化を受け，イエズス会創始者の一人に加わり，また同会より東洋に派遣された．残された書簡『聖フランシスコ・ザビエル全書簡』には高遠な理想と情熱がうかがわれる．

三雲禅堂《さんうんぜんどう》

鎌倉市長谷《はせ》にある三宝教団の禅堂．山田凌雲老師(現・三宝教団管長)による参禅会および接心の場である．「三雲」は同教団の三師，原田大雲，安谷白雲，山田耕雲の三老師を表わす．

柴山全慶《しばやまぜんけい》(1894-1974)

昭和の禅僧，仏教学者．臨済宗南禅寺派前管長・住職，花園大学・大谷大学の教授を務めた．米クレアモント大学やコルゲート大学で禅学を講義．

釈迦堂《しゃかどう》

比叡山延暦寺西塔の釈迦堂を指す．1347 年頃に建立．一般に，仏教の開祖である釈迦如来像を本尊とする仏堂を釈迦堂といい，多くの寺院につくられた．

趙州《じょうしゅう》(778-897)

趙州従諗《じゅうしん》のこと．唐代の禅僧．南泉普願《なんせんふがん》に師事して 57 歳まで随身．師の没後 60 歳で行脚に出て，80 歳で趙州の観音院に住持した．以後 120 歳まで法を説いたという．贈り名は真際《しんざい》大師．平易な口語で法を説き，語録として『趙州録』がある．

神冥窟《しんめいくつ》

正式の呼称は「イエズス会秋川神冥窟」．1969 年にラサール神父(**→愛宮ラサール**)が禅キリスト教の実践のために東京都西多摩郡檜原村秋川に建設．禅堂とカトリック礼拝室を具えており，現在も使われている．

タ 行

タウラー，ヨハネス(Tauler, Johannes, 1300 頃-61)

ドイツの神秘思想家で，エックハルトの高弟．ドミニコ会士．その『説教集』は近世神秘思想の基本的文献として重要である．

ダヴィデ(David)

イスラエル第二代の王(前 1000 年頃)で統一王国の確立者．時代を経てイスラエルが存亡の危機に陥った時，神が再びダヴィデのような救済者を遣わして民族を救うという期待が生まれた．すなわち，メシアの待望である．新約聖書ではイエス・キリストをこの待望預言を成就するものとして意味づけている．

只間康道《ただまこうどう》(1939-)
著者の友人，修行仲間．臨済宗尼僧．長く臨済宗開田寺(神戸市)の住職を務めた．

タボル山(Mount Tabor)
イスラエル北部，ナザレ東方にある標高 588 m の山．聖書に登場する．『マタイによる福音書』17 章で，イエスがペトロ，ヤコブ，ヨハネの三人を連れて高い山に登るが，これがタボル山であるという．

チェスタトン，ギルバート(Chesterton, Gilbert Keith, 1874-1936)
英国の文筆家・カトリック教徒．卓抜な着想と逆説的な筆法で有名．推理小説の主人公ブラウン神父(Father Brown)産みの親でもある．

ティーネック(Teaneck)
米国ニュージャージー州北東部にある人口約 4 万の住宅地．

テレサ(アヴィラの)(Teresa, 〈Ávila〉, 1515-82)
通常，アヴィラの聖テレサと呼ばれる．スペインの女性神秘家，教会博士，聖人．大テレジアとも呼ばれる．十字架のヨハネとともにカルメル会を改革して，跣足《せんそく》カルメル会を設立．主著に『霊魂の城』，『完徳の道』，自叙伝『生涯』，『創立史』などがある．

テレサ(マザー)(Teresa, 〈Mother〉, 1910-97)
本名は Agnes Gonxha Bojaxhiu．カトリック修道女・福者．旧ユーゴスラヴィアに生まれ，インド・カルカッタを中心に「もっとも貧しい人々」のために尽くし，その活動は高く評価された．Missionaries of Charity(和名・神の愛の宣教者会)の設立者．ノーベル平和賞受賞(1979)．

デ・メロ，アントニー(de Mello, Anthony, 1931-87)
インド人のイエズス会士．スペインと米国に学び，東洋と西洋の霊性の統合，心理学とイグナチオ的霊性の統合を試み，司牧的カウンセリング研究所「サダーナ」を主宰した．サダーナとは目標を立てること，神への道と道具を意味するという．著書多数．

トインビー，アーノルド(Toynbee, Arnold Joseph, 1889-1975)
イギリスの歴史学者．西欧中心史観のみでなく，イスラム，仏教，日本などの史観を取り入れた独自の立場から世界諸文明の興亡の一般法則を体系づけようと試みた．主著に『歴史の研究』全 25 巻，『試練に立つ文明』などがある．

道元《どうげん》(1200-53)
鎌倉時代の禅僧．日本曹洞宗の開祖．宋に学び，如浄《にょじょう》に師事．師の心身脱落《しんじんだつらく》の語を聞いて得悟した．中国曹洞宗の只管打坐《しかんたざ》の禅を日本に伝えた．『正法眼蔵《しょうぼうげんぞう》』をはじめ多数の著作がある．

洞山良价《とうざんりょうかい》(807-869)
中国，唐代の禅僧．曹山本寂《そうざんほんじゃく》と並んで曹洞宗の開祖と仰がれる．贈り名は大悟大師．著作に『宝鏡三昧歌』『洞山録』がある．

ド・ヤーガー，ポール(de Jaegher, Paul, 1880-1958)
ベルギー出身のイエズス会士で，後にインドで宣教活動を行い，その地で亡くなった．主著 *One with Jesus*(1929)．

トマス・ア・ケンピス(Thomas a Kempis, 1379/80-1471)
修道的神秘思想家．その著作とされる『イミタティオ・クリスティ(キリストにならいて)』は，信徒一般のすぐれた修養・建徳の書として世界中に広まった．

トマス・アクィナス(Thomas Aquinas, 1225 頃-74)
イタリアのスコラ哲学最盛期の神学者・哲学者．パリ大学教授．主要著作に『神学大全』と『対異教徒大全』の二つの大全がある．

ド・シャルダン，テヤール(Teilhard de Chardin, 1881-1955)
フランスの古生物学者・カトリック思想家でイエズス会士．北京原人の発見に関与し，進化論とキリスト教信仰を統合する思想は，当時の教皇庁から危険視された．

ナ 行

ニグロ，アーマンド(Nigro, Armand)
イエズス会士．ワシントン州スポーカン市ゴンザガ大学名誉教授．40 年以上にわたり，哲学・神学を教える．

ハ 行

ハイデッガー，マルティン(Heidegger, Martin, 1889-1976)
ドイツの哲学者．現象学の手法を用い，存在論を展開した．また，後の実存主義などに大きな影響を与えた．その中心的努力は，伝統的形而上学を批判し，存在の問い(Die Seinsfrage)を新しく打ち立てることに向けられたという．後世に大きな影響を残した．

パウロ(聖)(Paulos, 紀元前後-60 頃)
成立直後のキリスト教の伝道者・神学者．多くの書簡があり，新約聖書中の 13 の書簡(『ローマの信徒への手紙』『コリントの信徒への手紙』など)に彼の名が付されている．

ハオ・チン，ヴィセンテ(Hao-Chin, Vicente)
フィリピン神智学協会の指導者の一人．主著に *The Process of Self-Transformation*

がある．
白隠《はくいん》(1685-1768)
江戸時代の臨済宗の僧．日本における看話禅《かんなぜん》の大成者とされている．詩文・漢文をよくし，書画も巧みで多くの著作を残す．看話禅とは，公案に参究することで悟りを開こうとする禅の立場をいう．
ハーシー，ジョン(Hersey, John Richard, 1914-93)
原爆投下後の広島をいち早く取材して，その惨状を世界に訴えた米国ジャーナリスト．ピュリッツァー賞受賞．いわゆるニュージャーナリズムの旗手でもあった．
原田祖岳《はらだそがく》(1871-1961)
明治から昭和期にわたって活動した曹洞宗師家．福井県小浜市発心寺二七世．東京東照寺の開山．原田祖道に師事，続いて曹洞，臨済両宗の諸師に参禅．公案禅を提唱する．安谷白雲の師家でもある．
深貝義忠《ふかがいぎちゅう》(？-1985)
臨済宗南禅寺派尼僧・老師．長く京都・圓光寺(→**圓光寺**)にあって尼衆専門道場の指導にあたった．没後，尼衆道場を継ぐものなく，現在は男性が住職である．著者の最初の禅師家．
ブクスバーゼン，ジョン・ダイシン(Buksbazen, John Daishin)
英国生まれの心理療法家・禅老師．現在ロサンゼルス禅センターで禅の指導を行なっている．原注(7)を参照．
フーゴー・愛宮ラサール　→愛宮《えのみや》ラサール
ブーバー，マルティン(Buber, Martin, 1878-1965)
ウィーン生まれのユダヤ人宗教哲学者．ドイツの大学で教えたが，ナチス政権誕生後はパレスチナに移住．1923年に宗教思想史上の傑作とされる『我と汝』を著わした．
フランチェスコ(聖)(Francesco, 1181/2-1226)
フランシスコ会創設者．イタリア中部ウンブリア州アッシジの出身．数々の経験を経て，福音の言葉の実践，特にイエスの模倣，清貧(徹底した無所有・自己放棄)に努める．頌詩『太陽の賛歌』『小さき花』などの作者．多数の伝記・評伝がある．
プリズン・フェニックス・トラスト
英国オックスフォード近郊にあり，受刑者に精神的援助を与える団体．→本書170頁以下を参照．
ブーレイ，シャーリー・デュ
英国在住の文筆家．宗教関係の分野を専門とする女性で，著者のよき理解者であ

ると思われる.

フロム，エーリッヒ(Fromm, Erich Seligmann, 1900-80)

ドイツ・フランクフルト出身の社会心理学・精神分析学・哲学者．マックス・ウェーバー，カール・ヤスパースらに師事．ナチスを逃れて米国，次いでメキシコに移住．新派精神分析学の代表者とされた．著書『精神分析と宗教』『禅と精神分析』などがある.

ベアリング，モーリス(Baring, Maurice, 1874-1945)

英国の外交官であり作家．モスクワ生活が長く，ロシア文学通.

ペギー，シャルル・ピエール(Péguy, Charles-Pierre, 1873-1914)

フランスの詩人・評論家．ドレフュスの擁護者．第一次世界大戦で戦死.

ヘリゲル，オイゲン(Herrigel, Eugen, 1884-1955)

ドイツ人哲学者．1924年から5年間，東北帝国大学で哲学を教えた．弓道を学び，五段の免許を得る．著書に『弓と禅(*Zen in der Kunst des Bogenschiessens*)』があり，数種の翻訳が出ている．海外では日本文化の紹介者として知られている.

ベルナノス，ジョルジュ(Bernanos, Georges, 1888-1948)

フランスの作家．カトリックの立場から悪・死などを追求.

ベロック，ヒレア(Belloc, Joseph-Pierre H., 1870-1953)

フランス生まれの英国の作家，詩人，エッセイスト.

ベンソン，ロバート・H(Benson, Robert Hugh, 1871-1914)

英国の多作な小説家．1903年にカトリック信者となり，教皇ピウス十世の随員となる．力強い説教者と言われる.

菩《ぼ》提《だい》達《だる》磨《ま》(?-530)

禅宗の初祖である達磨大師のこと．俗称ダルマさん．インドより中国に渡って梁の武帝との問答を経て，嵩山の少林寺に入り，9年間面壁坐禅したという．多くの伝説がある.

堀《ほり》澤《さわ》祖《そ》門《もん》

現在，天台宗比叡山泰門庵住職．叡山学院院長．訳者の一人.

マ 行

マクガレル，ローレンス(McGarrell, Lawrence M., 1947-)

広島市のエリザベト音楽大学理事長．前学長．イエズス会士でピアニスト．本書巻末に一文を寄せる.

マートン，トーマス(Merton, Thomas, 1915-68)

米国のトラピスト会士．神秘家・詩人でもあった．自叙伝『七重の山』(1948)は

ベストセラーとなる．後年，真の観想生活を模索するなかで，禅仏教にも傾斜してゆく．人種問題や平和運動の分野でも活躍した．バンコクで事故死．

マヨン山(Mount Mayon)

フィリピンのルソン島南東部の活火山．標高 2421 m.

モーリアック，フランソア(Mauriac, François, 1885-1970)

フランスのカトリック作家．『癩者への接吻』など．ノーベル賞(1952).

モルク，ウルスタン(Mork, Wulstan, 1916-86)

ベネディクト会士．米国人．イリノイ州東北部のオーロラに住み，マーミオン・アカデミーで長く神学を教えた．

モーロア，アンドレ(Mourois, André, 1885-1967)

フランスの小説家，伝記作家．『ブランブル大佐の沈黙』，シェリー伝など．

モンクトン(Moncton)

カナダ大西洋岸(ニューブランズウィック州)の海辺の町で，著者の生まれた土地．

ヤ 行

ヤーガー，ポール・ド →ド・ヤーガー

安谷白雲《やすたにはくうん》(1885-1973)

原田祖岳老師の嗣法者の一人であるが，後に曹洞宗を離脱．1954 年に宗教法人三宝教団を創立，初代管長を務めた．1962 年以降はヨーロッパと米国を巡錫，多数の修行者の指導に当たった．1970 年，山田耕雲老師に組織の指導を一任して管長を退いた．

ヤハウェ(Yahweh)

エホバに同じ．イスラエル人が崇拝した神．万物の創造主であり，宇宙の統治者．

山田耕雲《やまだこううん》(1907-89)

三宝教団二代目管長．在家(僧侶ではない人)であるが，選ばれて安谷白雲を嗣ぎ，三宝教団の管長となった．国際的に活動し，ラサール神父をはじめとする多くのカトリック教徒が師事した．代表的著作に『禅の正門』(1986)がある．

山田凌雲《やまだりょううん》(1940-)

三宝教団四代目管長．2004 年より，窪田慈雲三代目管長を継いで三宝教団を指導．欧米にとどまらず，ひろく世界各地を巡錫．

ユング，カール(Jung, Carl Gustav, 1875-1961)

スイスの心理学者・精神医学者．フロイトに学ぶが後に訣別し，独自の分析心理学を創始した．

ヨハネ(十字架の)(Juan de la Cruz, 1542-91)
スペインの神秘思想家．アヴィラの聖テレサとともにカルメル修道会を改革して，跣足カルメル会を創設．主著に『カルメル山登攀』『暗夜』『霊の賛歌』『愛の生ける炎』などがある．いずれも近世カトリック神秘思想の古典とされる．

ヨハネス二十三世(Johannes XXIII, 1881-1963)
1958年から1963年までローマ教皇．第二回ヴァチカン公会議を招集し，アジョルナメント(現代化)のスローガンのもとにカトリック教会の近代化を先導した．訳注〔一四〕を参照．

ラ 行

ラサール神父 →愛宮《えのみや》ラサール

臨済《りんざい》(？-867)
唐代の禅僧．臨済宗の開祖．名は義玄．『臨済録』はその法語を収録したものとされる．贈り名は慧照禅師．その権威ときびしさから「臨済将軍」の異名でも呼ばれた．

ル・ソー，アンリ →アビシクターナンダ

ロイスブルーク，ヤン・ファン(Ruysbroeck, Jan van, 1293-1381)
フランドルの神秘主義的思想家．

老子《ろうし》(前6世紀？)
『史記』の老子伝によれば，楚の人．五千余言の道徳の書(『老子』または『老子道徳経』)を著わしたという．

六祖《ろくそ》(638-713)
六祖大師の略．中国唐代の禅僧慧能《えのう》のこと．五祖と呼ばれる弘忍《こうにん》に参じて印可を得，広東州を中心に布教を行なった．後年，その流れは大きく発展して南宗禅《なんしゅうぜん》と呼ばれ，中国禅の主流を形成した．曹渓大師，大鑑禅師の名でも呼ばれる．

ロナーガン，バーナード(Lonergan, Bernard Joseph Francis, 1904-84)
カナダ生まれのイエズス会士．神学・哲学者．ジョージア大学やハーバード大学などで教鞭をとった．トマス・アクィナスの研究で知られる．著書多数．

ロヨラ，イグナティウス・デ(Loyola, Ignatius de, 1491頃-1556)
スペインのカトリック修道者・神秘家．ザビエルら数名の同志とともにイエズス会を創立した．主著『霊操』は，その後のカトリック刷新運動の原動力となり，現在に至るも大きな影響力をもつ．